Artus ohne Tafelrunde

Kay Peter Jankrift

Artus ohne Tafelrunde

Herrscher des Mittelalters
Legenden und Wahrheit

Bibliografische Information Der Deutschen Nationalbibliothek
Die Deutsche Nationalbibliothek verzeichnet diese Publikation
in der Deutschen Nationalbibliografie; detaillierte bibliografische Daten
sind im Internet über *http://dnb.d-nb.de* abrufbar.

Bildnachweis: Tafeln 1, 4, 5, 6, 7, 8: Picture Alliance, Frankfurt; Tafeln 2
und 3: Bildarchiv Preußischer Kulturbesitz, Berlin.

Umschlaggestaltung: init, Büro für Gestaltung, Bielefeld, unter Verwendung einer Abbildung von Picture Alliance, Frankfurt (Detail aus Bild-
teppich nach Entwurf von Edward Burne-Jones)

© 2008 Konrad Theiss Verlag GmbH, Stuttgart
Alle Rechte vorbehalten
Redaktion: Ricarda Berthold, Freiburg
Satz und Gestaltung: Satz & mehr, R. Günl, Besigheim
Druck und Bindung: CPI – Ebner & Spiegel, Ulm

ISBN: 978-3-8062-2028-5

Besuchen Sie uns im Internet: www.theiss.de

INHALT

VORWORT

Gespenstisch ragen die Externsteine bei Horn aus dem Boden. Die unheimliche Faszination des Ortes hat die Menschen seit jeher in ihren Bann gezogen. Reich sind entsprechend die Mythen und Legenden, die sich um die bizarren Sandsteine ranken. Eine der bekanntesten Sagen verbindet sie mit Karl dem Großen und der Taufe des Sachsenherzogs Wittekind. Dieser zufolge leisteten einzig Wittekind und seine Getreuen den Franken noch Widerstand, als ihm eines Nachts der Teufel erschien. Er versprach Wittekind, ihm einen heidnischen Tempel zu bauen, „*der so gewaltig sein solle, dass ihn der starke Karl wohl müsste stehen lassen.*"[1] Die Anhänger der alten Götter sollten sich an diesem Heiligtum versammeln. Auch viele, die sich unlängst zum christlichen Glauben bekehrt hatten, würden angesichts dieses Zeichens dem Christengott abschwören, versicherte der Höllenfürst. Für seinen Dienst müsse sich Wittekind lediglich verpflichten, dem heidnischen Glauben seiner Vorväter niemals zu entsagen. Erfreut nahm der Sachsenherzog das Angebot an, und der Teufel machte sich daran, sein Versprechen bis zur nächsten Vollmondnacht in die Tat umzusetzen. Durch den Teufelspakt wendete sich alsbald Wittekinds Waffenglück. Tag für Tag vermehrte sich zudem seine Anhängerschaft, so wie der Teufel es verheißen hatte. Derweil hatte sich der Höllenfürst an den Bau des Heiligtums gemacht. Aus allen Teilen der Welt schleppte er riesige Steinbrocken zusammen, die er zu himmelhohen Hallen auftürmte. Doch nicht nur der Teufel, auch Gott wirkte auf Wittekind ein. Nun erkannte der Sachsenherzog seinen Irrtum. *„Eiligst ging er hin in des starken Karls Lager und ließ sich reumütig taufen."* Als der Teufel davon erfuhr, riss er sein fast vollendetes Bauwerk wütend auseinander. Mit aller Gewalt schleuderte er die Felsen umher. Die Externsteine zeugen bis heute von dieser Begebenheit.

Gespannt habe ich als Viertklässler diese und andere Sagen um Karl den Großen und den Sachsenherzog Wittekind im Unterricht aufgesogen, von denen viele mit meinem heimatlichen Osnabrücker Land verbunden sind. Gleichsam greifbar werden dort die materiellen Überreste, die im Volksmund mit dem Wirken der beiden Herrscher in Verbindung gebracht werden. Etwa die sogenannten Karlssteine, ein Großsteingrab im Hone auf dem Weg nach Bramsche. Die mittleren Decksteine sind geborsten. Hier knüpft eine andere sagenhafte Version von der Bekehrung des Sachsenherzogs an. Nach dieser in mehreren Varianten überlieferten Sage schlug der fränkische Herrscher mit einer Pappelgerte auf die Opfersteine und sprach: *„Gleich unmöglich ist es, diesen Stein und die harten Nacken der Sachsen zu brechen!"*[2] Der Stein zerbarst, Wittekind ließ sich taufen. Die Erzählungen machten mich neugierig, die Stätten aufzusuchen. An einem trüben Herbstsonntag besuchten meine Eltern mit ihrem wissbegierigen Sprössling die sogenannte „Wittekindsburg" im Wald bei Rulle. Der Besuch war eine Enttäuschung. Ich hatte mir, wie wohl jeder Junge in diesem Alter, eine „richtige" Burg mit Türmen und zinnenbewährten Mauern oder zumindest deren sichtbare Ruinen vorgestellt. Aber die Wittekindsburg reduzierte sich leider auf Erdwälle und Erhebungen im Boden, die für Laien als bauliche Überreste nur schwer erkennbar sind. Das war meine erste Begegnung mit der mittelalterlichen Geschichte. Ich war um eine Illusion ärmer und zugleich um eine Erfahrung reicher. Kurze Zeit später stieß ich auf Hal Fosters „Prinz Eisenherz"-Comics, in denen der junge Held mit der Pagenfrisur als Ritter der Tafelrunde des legendären Königs Artus atemberaubende Abenteuer erlebt. Mich faszinierte der Mut der einzelnen Streiter sowie der Zusammenhalt und die Ideale, die sie miteinander teilten. Dass Artus zu Beginn seines Auftretens in der Geschichte noch ganz ohne diese Runde dastand und erst im Verlauf des Mittelalters zu seinen Gefährten kam, ahnte ich zu dieser Zeit noch nicht. Doch die Legenden und besonders ihr historischer Kern begeistern mich seit dieser Zeit noch immer.

Dankbar war ich deswegen über die Anregung Stefan Brückners, für den Theiss Verlag ein Buch über legendäre Herrscher zu verfassen. Es bietet mir Gelegenheit, neben den Legenden um andere Herrscher auch den Karl meiner Kindheit noch einmal mit den Augen des erwachsenen Historikers zu betrachten. Mein Dank gebührt zudem Ricarda Berthold und Eva Hagen für ihr umsichtiges Lektorat sowie ihre Geduld mit dem Autor. Kein Buch kann wohl ohne den Zuspruch, die stete Ermunterung und das Verständnis der Familie entstehen, die den Autor für eine gewisse Zeit der Klausur vor seinem Computer überlassen muss. In diesem Sinne danke ich einmal mehr meiner Frau Isabelle sowie meinen Kindern Neele und Raphael. Gewidmet ist dieses Buch meinen Eltern Egon und Christa Jankrift – in Erinnerung an einen trüben Herbsttag in Rulle und eine unbeschwerte Kindheit.

Kay Peter Jankrift
Augsburg im Oktober 2007

EINFÜHRUNG

„Ruhmvolle Leben" und die „Nacht der Vergessenheit"

„So glaubte ich denn, mich von meinem Vorhaben nicht abhalten lassen zu dürfen. Zumal, da ich mir bewusst war, niemand könne so wahr und getreu wie ich das aufzeichnen, was ich selbst miterlebte, was ich mit eigenen Augen sah und da ich überdies nicht wissen konnte, ob es wirklich auch von einem anderen aufgezeichnet werden würde oder nicht. Und ich erachtete es für besser, noch neben anderen den selben Gegenstand zu behandeln und ihn auf die Nachwelt zu bringen, als das ruhmvolle Leben und die herrlichen Taten des ausgezeichnetsten und größten Königs seiner Zeit in die Nacht des Vergessens sinken zu lassen",

heißt es in der Vorrede zur *Vita Karoli Magni*.[1] Unverkennbar ist in diesen Worten die Absicht ihres Verfassers Einhard, die Erinnerung an das herausragende Wirken des Herrschers und gleichsam an dessen Person für alle Zeit zu sichern. Umso glaubwürdiger mussten späteren Lesern des Werkes dessen Ausführungen erscheinen, wenn der Autor sich als Augenzeuge der berichteten Ereignisse zu erkennen gab und für deren Wahrheitsgehalt bürgte. Desto gewichtiger war zugleich sein

Urteil über den König und die Bewertung von dessen Taten. An seinem Vorbild sollten sich seine königlichen Nachfolger orientieren.

Einhard, um 770 geboren und im Kloster Fulda erzogen, lässt sich seit 794 am Hof Karls des Großen in Aachen nachweisen.[2] Nachrichten über ihn bezeugen, dass die Natur den kleinwüchsigen, oft dem verhaltenem Spott seines Umfeldes ausgesetzten Einhard mit außergewöhnlicher Gelehrsamkeit und künstlerischen Fähigkeiten gesegnet hatte.[3] So wirkte er als geachteter Ratgeber, häufiger Begleiter und enger Vertrauter des Herrschers. Nach Karls Tod im Jahre 814 gelang es Einhard als einem von wenigen, seine einflussreiche Stellung bei Hofe zu halten. Ludwig der Fromme, Karls Sohn und Nachfolger auf dem Thron, übertrug ihm die Leitung der bedeutenden Klöster St. Peter und St. Bavo im flandrischen Gent, St. Wandrille in der Normandie, St. Servatius in Maastricht sowie später St. Cloud in Paris. Irgendwann in den 820er Jahren zog sich Einhard vom Hof zurück. An den Machtspielen um das Erbe Ludwigs des Frommen mochte er nicht mehr teilhaben. Etwa um diese Zeit entstand die *Vita Karoli Magni*. Noch im fortgeschrittenen Alter von rund 60 Jahren kam er jedoch weiterhin seinen Diensten für den Herrscher pflichteifrig nach. Dies bezeugt unter anderem ein um 830 verfasster Brief an die Kaiserin Judith, die Gemahlin Ludwigs des Frommen.[4] Darin entschuldigt sich Einhard, aufgrund seiner angeschlagenen Gesundheit den Herrscher derzeit nicht aufsuchen zu können. Zum Zweck der Genesung wolle er sich per Schiff nach St. Bavo begeben und sein Versäumnis nachholen, sobald sein Gesundheitszustand dies erlaube, versichert er. Doch seine Beschwerden plagten Einhard spätestens ab dieser Zeit derart, dass er sich schließlich mit seiner Gattin Imma auf seine Besitzungen im Odenwald zurückzog. Dort verbrachte er die letzten Jahre seines Lebens. In Steinbach, unweit von Michelstadt, hatte das Ehepaar eine Kirche gestiftet. Später folgte eine Klosterstiftung in Mühlheim im Maingau. Im Jahre 840 starb der Biograf Karls des Großen. In Seligenstadt fand er seine letzte Ruhe.

Orientierte sich Einhard bei der Abfassung seiner *Vita Karoli Magni* am Vorbild von Suetons im ersten Viertel des 2. Jahrhunderts entstandenen Lebensbeschreibungen römischer Herrscher von Gaius Julius Caesar bis hin zu Domitian, so folgte sein Werk doch anderen Zielen. Nicht die Geschichtsschreibung als solche, die Bewahrung von Karls Andenken stand für ihn unverkennbar im Mittelpunkt. Durch die Überhöhung von dessen Taten als gleichsam unerreichbar, wird der Herrscher bereits in die Nähe eines Heiligen gerückt – auch wenn Einhard ausschließlich dessen irdisches Wirken würdigen wollte und sich bemüht, seine Distanz zur zeitgenössischen Hagiografie zu betonen.[5] Seinen Zweck, Karls Ruhm nicht „*in die Nacht der Vergessenheit sinken zu lassen*", erfüllt Einhards Werk seit Jahrhunderten und zweifelsohne bis heute. Gemeinsam mit einer Reihe zeitgenössischer Annalenwerke bildet es den Grundstock einer literarischen Tradition um Karl den Großen, in deren weiterer Entwicklung die historischen Ereignisse immer stärker von Legenden überlagert wurden.

Gegen Ende des 9. Jahrhunderts verfasste Notker der Stammler aus St. Gallen seine *Taten Karls* (*Gesta Karoli Magni*).[6] Kaum zwei Generationen nach Einhard prägen darin bereits Anekdoten und Legenden das Bild des Herrschers. Notkers Ausführungen verklären Karl zum idealen Herrscher. Doch die Bilder sind wohl nicht allein der Fantasie des Autors entsprungen. Gespeist wurden sie vielmehr durch eine nicht zu unterschätzende, in ihren Inhalten allerdings noch kaum greifbare mündliche und im Volk weit verbreitete Überlieferung. Sie wurde dadurch begünstigt, dass Karl der Große seiner Zeit wie kaum ein anderer Herrscher einen nachhaltig sichtbaren Stempel aufgedrückt hatte. Die Reformen der Schrift, des Kloster- und Bildungswesens wie auch der Verwaltung wirkten sich auf das tägliche Leben aus. Ebenso präsent war den Menschen die Schaffung des fränkischen Großreiches, die Christianisierung und die Integration der Sachsen. All dies hielt die Erinnerung an das Wirken Karls wach und inspirierte nachfolgende Generationen zu einer legendären Ausschmückung solch bahnbrechender Leistungen. So nimmt es nicht wunder, dass Notkers Werk darauf abzielte, Kritik an den Zuständen seiner eigenen Zeit zu üben und die Zeitgenossen mahnend an die großen Taten Karls zu erinnern. Schon bei ihm erfüllt der König die Rollen eines Förderers von Kirche und Bildung, eines schlagkräftigen Feldherrn und wohlmeinenden Hausvaters.[7] Im 12. Jahrhundert, dem Zeitalter der Kreuzzüge in den Vorderen Orient und der fortschreitenden Reconquista der Iberischen Halbinsel, trat als weiteres Bild das des göttlichen Streiters wider die Mauren in der literarischen Tradition hinzu. Bilder und Kunstobjekte setzten diese Vorstellungen von Karl dem jeweiligen Zeitgeist entsprechend visuell um. Die Verformung der ursprünglichen Gestalt und ihres Wirkens setzte sich unvermindert fort, um im ausgehenden 19. Jahrhundert zunächst zum nationalistischen Zankapfel zwischen Frankreich und Deutschland und einige Jahrzehnte später von den NS-Ideologen zum „Sachsenschlächter" verfremdet zu werden. Heute herrscht das Bild Karls als „Vater Europas" vor, das nicht zuletzt mit der alljährlichen Verleihung des Aachener Karlspreises für Verdienste um die europäische Verständigung sorgsam gepflegt wird.[8] Hinzu kommt eine lange, vor allem mündliche und bis heute weithin bekannte Sagentradition.

Eine Frage der Propaganda

Exemplarisch lassen sich anhand dieser Entwicklung zwei Grundvoraussetzungen erkennen, um einen zu seiner eigenen Zeit wirkmächtigen Herrscher früher oder später in einen „legendären" zu verwandeln. Dabei meint „legendär" hier nicht „bedeutend". Vielmehr charakterisiert der qualifizierende Zusatz im Rahmen des vorliegenden Buches solche Herrscher, für deren Bild in der Nachwelt bis in unsere Gegenwart hinein dem engeren Wortsinn gemäß „Legenden" und „Fiktionen" von maßgeblicher Bedeutung waren und sind. In keinem anderen Fall ist die Legendentradition dabei so motiv- und kontrastreich wie in dem Karls des Großen. Andere legendäre Herrscher des Mittelalters müssen sich mit deutlich weniger begnügen. Erste Bedingung zur Sicherung eines langlebigen, legendären Nachruhms ist eine erfolgreiche zeitgenössische „Propaganda". Nicht allen mittelalterlichen Autoren war in dieser Hinsicht solches Glück beschieden wie Einhards *Vita Karoli Magni*. Das Mittelalter kannte noch keine Ermittlung von Verkaufszahlen, Literaturbesprechungen in Feuilletons oder gar Bestsellerlisten. Einen wichtigen Anhaltspunkt für den Verbreitungsgrad eines Werkes liefert die Zahl der heute hiervon erhaltenen Manuskripte. Dabei gilt es zu berücksichtigen, dass Bücher bis zu Johannes Gutenbergs bahnbrechender Erfindung des Druckens mit beweglichen Lettern zur Mitte des 15. Jahrhunderts mühsam von Hand abgeschrieben werden mussten. Nicht minder zeitraubend war die Herstellung des Beschreibstoffes, des Pergaments. Bücher waren entsprechend teuer, wahre Kostbarkeiten und nur für Wohlhabende erschwinglich. Hinzu kommt, dass eine unbekannte Zahl aller je gefertigten Kopien eines Werkes im Strudel der Zeiten verloren ging. Von Einhards Werk haben nicht weniger als 50 Handschriften die Jahrhunderte überdauert.[9] Damit war die *Vita Karoli Magni* zweifelsfrei ein mittelalterlicher „Bestseller". Noch weiter oben auf der Liste rangieren mit rund 150 Exemplaren die Werke des sogenannten Pseudo-Turpin, übertroffen von der sagenhaften „Geschichte der Briten" (*Historia Brittonum* oder *Historia Regum Brittaniae*) des Geoffrey von Monmouth mit über 200 mittelalterlichen Abschriften.[10] Bezeichnenderweise spielen beide eine gewichtige Rolle für die Etablierung legendärer Herrscher. Das um 1140 entstandene Werk Pseudo-Turpins berichtet glorifizierend von Karls Feldzug auf die Iberische Halbinsel im Jahre 778, dem Hinterhalt an dem Pyrenäenpass bei Roncesvalles und den damit verbundenen Heldentaten des Paladins Roland. Geoffrey von Monmouths *Historia Brittonum*, in den 1130er Jahren verfasst, prägte maßgeblich die Überlieferung um den sagenumwobenen König Artus.

Nicht zu verkennen sind die Umstände, unter denen ein solches Werk zum ersten Mal erscheint. Es kam Einhards Intention, Karls Taten vor dem Vergessen zu bewahren, zugute, dass er über den Tod des Herrschers hinaus am Hofe wirkte. So sicherte er die Memoria seines Königs in der Folgegeneration und legte zugleich einen Grundstein für die weitere Entwicklung. Auf einer zweiten Ebene der Propaganda wirkte neben der schriftlichen die mündliche Tradition, die weite Kreise der Bevölkerung erreichte und dort bisweilen ihre eigenen Wege nahm. Der Herrscher wird darin in gleichsam märchenhafter Weise verantwortlich für alle möglichen Ereignisse, die in der vor allem politisch motivierten Literatur keinen Platz gefunden haben. So war etwa Karl der Große dem Aachener Sagenschatz zufolge in den Zeiten des Schwarzen Todes (der allerdings erst zur Mitte des 14. Jahrhunderts, also mehr als 500 Jahre nach Karls Tod weite Teile der Welt heimsuchte!) Gründer des Leprosenhauses Melaten, auf dessen einstigem Grund heute das Aachener Klinikum steht.[11]

Die Sage vom Ring im Fisch, die unmittelbar mit dem karolingischen Herrschaftsanspruch verbunden ist und von Karls Stammvater Bischof Arnulf von Metz handelt, fand in einer Variation unter anderem Eingang in den westfälischen Sagenkreis – allerdings mit anderem Ausgang. Der gelehrte Langobarde Paulus Diaconus, der am Hof Karls des Großen wirkte und in dessen Auftrag die Taten der Metzer Bischöfe aufzeichnete, berichtet, der heilige Arnulf habe zum Zeichen der Buße seinen Ring in die Mosel geworfen. Er habe dabei um Vergebung für seine Sünden gebeten, wobei die selbstauferlegte Bedingung für die Absolution ein Wunder bedeutete. Arnulf erklärte nämlich, erst von aller Schuld gereinigt zu sein, wenn der Ring zu ihm zurückkehrte. Vier Jahre später fand Arnulfs Koch eben diesen Ring im Bauch eines Fisches, den er für seinen Herrn zubereiten wollte. Gott höchstselbst hatte Arnulf mit diesem Wunder seine Sünden vergeben und sein Geschlecht auserwählt.[12] In der westfälischen Variante hingegen war es Übermut, der der sagenhaften Überlieferung zufolge die reiche Gräfin zu Nienburg dazu trieb, ihren Ring in den Schlossgraben zu werfen. Dabei sprach sie: *„So unmöglich es ist, dass ich diesen Ring wiedererhalte, so unmöglich ist es, dass ich jemals arm werde."*[13] In diesem Fall dauerte es nicht Jahre, sondern nur ein paar Stunden bis der Koch den Ring im Bauch des von ihm für das gräfliche Mahl zubereiteten Fisches wiederentdeckte. Die Strafe für die Vermessenheit ließ nicht auf sich warten. Binnen eines Jahres war die Gräfin bettelarm.

Nicht nur positive, auch negative zeitgenössische Propaganda kann einem Herrscher dauer- und in diesem Fall zweifelhaften, legendären Nachruhm sichern. Die hieraus resultierenden Legenden scheinen ein noch stärkeres Eigenleben zu entwickeln als im Falle positiver Herrschaftsbewertungen. Hierfür stehen beispielhaft der „Hunnenkönig" Attila oder der walachische Fürst Vlad Tepes, genannt „der Pfähler", der aufgrund der ihm zugeschriebenen Gräueltaten untrennbar mit den Vampirlegenden des Balkans verbunden ist. Er wurde zum Vorbild für Bram Stokers 1897 in London erstmals erschienen, berühmten Roman *Dracula*.[14] Friedrich Wilhelm Murnaus Stummfilm „Nosferatu – eine Symphonie des Grauens" aus dem Jahre 1922 bescherte dem blutdürstenden „Grafen" auf der Leinwand schließlich im wahrsten Sinne des Wortes die Unsterblichkeit. Es folgte in den 1930er und 1940er Jahren eine Reihe von Filmen, in denen Bela Lugosi den Vampir verkörperte. Dieser identifizierte sich mit seiner Rolle so sehr, dass er sogar darum bat, in seinem rot-schwarzen Umhang beigesetzt zu werden. In den englischen Hammer-Studios entstand Ende der 1950er Jahre eine weitere Serie von Dracula-Filmen mit Christopher Lee in der Hauptrolle. Jüngere Hollywood-Produktionen wie Francis Ford Coppolas „Bram Stoker's Dracula" und Neil Jordans „Interview mit einem Vampir" knüpften Anfang der 1990er Jahre an das Genre an und gingen künstlerisch eigene Wege. Aber weder der düstere Gary Oldman aus Coppolas Film noch der „interviewte Vampir" Brad Pitt wirkten auf die heutige Vorstellung des Dracula alias Vlad Tepes. Das zeitgenössische Porträt des walachischen Woiwoden zeigt einen Mann mit eingefallenen Wangen, einem dunklen Schnurrbart über den schmalen Lippen, einer markanten Adlernase und stechenden, dunklen Augen. Überlagert wird dieses Gesicht heute von den Zügen Bela Lugosis und Christopher Lees. Mit letzterem schließt sich auf illustre Weise auch wieder der Kreis. So behauptete Lee stets, seinen Stammbaum bis auf Karl den Großen zurückführen zu können.

Sehnsucht nach einer besseren Zeit

Die zweite Voraussetzung für die Legendenbildung baut auf dem Fundament der positiven Propaganda auf. So wird in vermeintlich schwierigen Zeiten an bessere Tage unter der Herrschaft eines guten Königs erinnert. Häufig ist diese Erinnerung gar mit einer Art Endzeiterwartung verknüpft. Nach diesen Vorstellungen ist der Herrscher nicht tot. Er schläft nur in einem Berg oder ist sonstwie in unnahbare Ferne entrückt, woher er zurückkehrt und die Herrschaft wieder übernimmt. Dieses Bild wird geprägt von der Sehnsucht nach Gerechtigkeit und Frieden sowie wirtschaftlicher und gesellschaftlicher Stabilität, die eine „gute" Herrschaft ausmachen. Deutlich wird dies in der Vorrede zu den *Gesta Friderici I.*, den „Taten Friedrichs I." aus der Feder des Bischofs Otto von Freising. Darin heißt es:

> *Da sich nun die Dinge zum Besseren gewendet haben, nach den Zeiten des Weinens die Zeit des Lachens, nach der Zeit des Krieges die Zeit des Friedens jetzt gekommen ist, so erachte ich es für unwürdig, herrlichster Kaiser, Friedrich, nachdem ich die Taten der anderen Könige und Kaiser der Reihe nach erzählte, die deinen mit Stillschweigen zu übergehen. Ja, um mehr der Wahrheit gemäß zu sprechen, ich hielt es für das Würdigste, den Tugenden früherer Fürsten die deinen wie dem Gold die Edelsteine voranzustellen.*"[15]

Als der Verfasser im Jahre 1160 seinem königlichen Neffen das Werk überreichte, waren in der Tat schwierige Jahre vorüber. Sie waren unter anderem geprägt von dem glücklosen zweiten Kreuzzug, an dem Friedrichs Vorgänger auf dem Thron, Kaiser Konrad III. (1093/94–1152), 1147/48 teilgenommen hatte, sowie von der langen Auseinandersetzung der Staufer mit Heinrich dem Löwen um das Herzogtum Bayern. Da Ottos Werk in den ersten Regierungsjahren Friedrich Barbarossas entstand, wirkte seine Vorrede gleichsam programmatisch. Sie hat noch im ausgehenden 19. Jahrhundert vor dem Hintergrund nationalstaatlichen Gedankengutes das Bild von einer stabilen, „guten" Stauferherrschaft geprägt.

Die Sehnsucht nach einem guten König zieht sich wie ein roter Faden durch die Geschichte des mittelalterlichen Abendlandes. In Zeiten der Krise taucht das Motiv immer wieder auf. So etwa während der Herrschaft König Philipps IV., des Schönen, von Frankreich zu Beginn des 14. Jahrhunderts, als im Volk angesichts der voranschreitenden Münzverschlechterung der Wunsch der Rückkehr zum „guten" Geld von Philipps Großvater Ludwig IX., dem Heiligen, laut wurde. Eine besondere, in ihren Motiven nicht vorrangig auf irdische Führungskraft gestützte Legendenbildung umrankt solche heiligen Herrscher. Mit ihnen gelangte das legendäre Element zu einem Höhepunkt. Immerhin ist die Heiligsprechung unmittelbar mit Wundertätigkeit verknüpft. Der heilige König wird dadurch vom irdischen Herrscher zum himmlischen Heiler. Der sakrale Aspekt des mittelalterlichen Königtums, der in unterschiedlicher Ausprägung zwischen Zeremoniell und Symbolik – wie etwa den langen Haaren der Merowingerkönige oder der vermeintlichen Kraft zur Heilung der Skrofulose der französischen und englischen Könige durch Handauflegung – gelangt mit dem heiligen König gewissermaßen zur Vollendung.[16] Der Kult um den Herrscher sichert ein weit verbreitetes und ewiges Andenken. Zudem trieb er die weitere Legendenbildung voran, wann immer über neue Wunder an der Grablege des Herrschers berichtet wurde.

Dies ist nur eines von vielen Beispielen dafür, wie sich jede Generation ihr eigenes Geschichts- und Herrscherbild schafft. Im Falle der legendären Herrscher wirkt dieser Umstand in unserer Gegenwart auf besondere Weise. Historische Romane, mehr oder weniger wissenschaftliche Fernsehdokumentationen,

Spielfilme und Internetseiten prägen gängige Vorstellungen vom Mittelalter im Allgemeinen und von seinen Herrschern im Besonderen.

Die Tafelrunde von Hollywood

Bei dem Gedanken an den sagenhaften König Artus sehen viele das markante Antlitz des Schauspielers Sean Connery mit seinem ergrauten Bart vor ihrem geistigen Auge. In dem Film „Der erste Ritter" steht seine Tafelrunde in einem disneylandgleichen Camelot. Zudem lieh er sein Gesicht aber auch Richard Löwenherz, der sich am Ende von Kevin Kostners Streifen „König der Diebe" dem getreuen Robin Hood und seinen Mannen zu erkennen gibt. Ein Gesicht für zwei Herrscher; zugleich ein Gesicht, das dem Zeitgeist entspricht. Ein ganz anderer Artus tritt uns zu Beginn der 1980er Jahre in dem düsteren Szenario von „Excalibur" gegenüber. Von einer Schlacht zur nächsten geht es im nebeldurchzogenen Halbdunkel bis zum blutigen Ende von Mordred. Wie viel sympathischer ist da doch der Zeichentrick-Artus in Walt Disneys Klassiker „Die Hexe und der Zauberer" oder der Comic-Adaption von Hal Fosters „Prinz Eisenherz". In unserer Medienwelt fließen diese Bilder ineinander, um neue zu schaffen. Dabei lässt sich insgesamt feststellen, dass nahezu ausschließlich die angelsächsischen Herrscher ihren Weg nach Hollywood gefunden haben. Die Zahl der Spielfilme um König Artus, den Zauberer Merlin, die Ritter der Tafelrunde und ihre Suche nach dem Heiligen Gral ist groß. Übertroffen wird sie zweifelsohne von den unzähligen Verfilmungen des Robin-Hood-Stoffes. Obwohl Richard Löwenherz hier lediglich ein kurzer „Gastauftritt" am Ende der Geschichte zugestanden wird, ist dieser doch von herausragender Bedeutung für das Herrscherbild. Wie ein roter Faden zieht sich der Wunsch nach der Rückkehr des „guten", gerechten Herrschers durch den Stoff. Obwohl selbst ein Normanne, soll er der normannischen Willkür gegenüber den eingeborenen Angelsachsen wieder ein Ende setzen. Schließlich wird der lange Zeit virtuelle, als guter Herrscher aufgebaute König in Gestalt des rückgekehrten Kreuzfahrers leibhaftig. Und auch der Begründer des historischen Romans, Sir Walter Scott, hat mit seinen Werken *Ivanhoe* und *Der Talisman* einiges zum gegenwärtigen Bild des Richard Löwenherz beigetragen. Andere als angelsächsische Herrscher hat Hollywood – wohl im Hinblick auf die Interessen des Publikums – bislang nicht für sich entdeckt. Es gibt trotz aller Legenden (zumindest meines Wissens nach!) keinen amerikanischen Spielfilm über Karl den Großen. Trotz seines Nachruhms bringt es der Frankenkönig lediglich auf einen Fernsehmehrteiler aus den 1970er Jahren. Friedrich Barbarossa und sein Nachfahre Friedrich II. konnten die Kinoleinwand noch nicht für sich erobern. Einzig der Drachentöter Siegfried und die sagenumwobenen Nibelungen haben es zu einigem Leinwand- sowie Bayreuther Opernruhm gebracht und inzwischen in Worms auch das Theater für sich gewinnen können. Dieser deutliche Unterschied im Umgang mit legendären Herrschern liegt vielleicht darin begründet, dass es in den Vereinigten Staaten naturgemäß keine Überreste aus dem (abendländischen) Mittelalter gibt und man so auf eine virtuelle Realität zurückgreifen muss. Hierzulande kann man die Überreste des „Karlsgrabens", der *Fossa Carolina,* oder des Klosters Lorsch, Aachen und andere Wirkungsstätten Karls des Großen besuchen. Gleiches gilt im Hinblick auf andere Herrscher. Es sind offenbar diese Zeugnisse gepaart mit den spannenden Sagen und Wissensfragmenten aus dem schulischen Geschichtsunterricht die hierzulande das Bild dieser von Hollywood ignorierten, legendären Herrscher prägen. An diesem Punkt sind wir nun zum Kern des vorliegenden Buches vorgestoßen.

Der Kreis legendärer Herrscher

Dieses Buch ist keine Aneinanderreihung von Herrscherbiografien. Solche bieten andere, einschlägige Werke. Ziel ist es vielmehr, die Legenden zu ihren Ursprüngen zurückzuführen und in ihren historischen Rahmen innerhalb der Herrscherbiografie einzubetten. Dabei gilt es auch, die einzelnen Motive vergleichend zu betrachten. Naturgemäß können schon aus Platzgründen nicht alle Herrscher behandelt werden, die nach den eingangs erläuterten Kriterien als „legendär" anzusehen sind. Vielmehr hat sich die Auswahl maßgeblich an deren Bekanntheitsgrad hierzulande orientiert. Bei der Frage nach legendären Herrschern des Mittelalters fällt häufig zunächst der Name Karls des Großen. Ein Befund, der sich auch in der Zahl der Internetseiten widerspiegelt, wie an anderer Stelle noch zu sehen sein wird. Weithin bekannt sind auch Friedrich Barbarossa, Friedrich II. und die Nibelungen. Gleiches gilt – nicht zuletzt aufgrund der Hollywood-Filme – für Richard Löwenherz und den sagenumwobenen König Artus. In einem anderen Land gestellt, fiele die Antwort auf die Frage nach legendären Herrschern zweifelsfrei anders aus. Auch in Frankreich würde Charlemagne, Karl der Große, den Spitzenplatz belegen. Hinzu kämen Ludwig der Heilige und der Merowingerkönig Chlodwig (frz.: Clovis). Letzterer ist trotz der zentralen Bedeutung seiner nicht genau datierbaren katholischen Taufe am Ende des 5. oder zu Beginn des 6. Jahrhunderts für die weitere Entwicklung des Frankenreiches in Deutschland weit weniger bekannt als westlich des Rheins. In Dänemark würde wohl unter anderen der Name Harald Blauzahn fallen, in Spanien Alfons der Weise, in England König Alfred. Auch regional kann sich ein anderes Bild ergeben. In Bamberg wird sicherlich auf Heinrich II. verwiesen, in Quedlinburg auf den „Ottonen" Heinrich I. Hätte sich das vorliegende Werk jedoch allein auf das Kriterium allgemeiner Bekanntheit gestützt, ließen sich die Facetten legendärer Herrscher nicht in ihrer gesamten Entwicklung aufzeigen. Neben den Herrschern der sogenannten „dunklen Jahrhunderte", der quellenarmen Zeit von der Völkerwanderung bis zu den Karolingern, betrachten wir die durch Schriftzeugnisse biografisch besser fassbaren Könige des Hochmittelalters. Zwischen dem 12. und 14. Jahrhundert lässt sich dann das bemerkenswerte Phänomen zahlreicher Heiligsprechungen in allen Teilen des Abendlandes beobachten. Deshalb werfen wir zumindest einen kurzen Blick auf diese Herrscher, die bis heute als „Nationalheilige" gelten, um das Bild zu vervollständigen. Gewiss werden die Leserinnen und Leser den Gebeinen des ein oder anderen dieser Herrscher auf ihren Reisen begegnen, wenn sie es nicht schon sind. Machen wir uns also nun auf den Weg.

DIE NIBELUNGEN

Siegfried der Drachentöter und das Rheingold

Die dunklen Jahrhunderte

Die Zeit der großen Völkerwanderung, in der die Spätantike allmählich in das frühe Mittelalter übergeht, ist arm an Schriftquellen. Besonders in der angelsächsischen Geschichtswissenschaft spricht man deshalb gemeinhin von den „Dark Ages", den „dunklen Jahrhunderten". Reich waren diese aber an Mythen und Legenden, die mündlich von Generation zu Generation weitergegeben wurden. Die populärsten Erzählstoffe blieben jahrhundertelang in Erinnerung, bis sie irgendwann niedergeschrieben wurden. Nicht immer erfolgte diese Aufzeichnung zufällig. Bisweilen gaben politische Gründe hierfür den Ausschlag. So hatten Herrscher naturgemäß ein besonderes Interesse an der schriftlichen Überlieferung von Legenden, die über die Herkunft ihres Geschlechts berichteten und dessen Auserwähltheit dokumentierten. Die Chronik des sogenannten Fredegar aus dem 7. Jahrhundert erzählt beispielsweise von der Zeugung Merowechs, des mythischen Stammvaters der Merowinger. Den Ausführungen des Chronisten zufolge wurde Mero-

wechs Mutter beim Bad von einem Meeresungeheuer geschwän-
gert, das halb Mensch und halb Stier war. Diese Legende fand
ihren Niederschlag auch in der merowingischen Symbolik.[1] Im
Grab des Merowingerkönigs Childerich bargen die Archäologen
einen mit Almandinen ausgelegten Stierkopfanhänger. Und
auch das Gürtelgehänge des 570 gestorbenen Königs Arnegund
wurde einst mit Stierhäuptern geschmückt. Vom Stammvater
Karls des Großen, Arnulf von Metz, und der Legende vom Ring
im Fisch, die der Frankenkönig durch den Gelehrten Paulus
Diaconus in seinem Werk über die Taten der Metzer Bischöfe
aufzeichnen ließ, war bereits in der Einführung die Rede. Bisweilen übernahmen spätere Verfasser solche Vorlagen, fügten
neue Erzählstränge aus anderen Legenden hinzu oder schmück-
ten diese gemäß dem jeweiligen Zeitgeist aus. Zu den bekanntesten Beispielen, in denen legendäre Herrscher im Mittelpunkt
der Handlung stehen, zählen der Sagenkreis um König Artus
und seine Ritter der Tafelrunde sowie das im Rang eines deutschen Nationalepos stehende *Nibelungenlied*.

Zwischen Worms und Stalingrad. Das „National-Epos der Deutschen"

Hocherhobenen Schildes, bereit den Hort der Nibelungen im
Rhein zu versenken, steht die Statue des finsteren Hagen von
Tronje nördlich der Nibelungenbrücke in Worms. Ebendort
befanden sich im Mittelalter ein Übergang über den Strom und
der Hafen.[2] Der sagenhafte Schatz, die Heldentaten des Drachentöters Siegfried und das Ende der Burgunder am Hofe des
Hunnenkönigs Etzel ziehen bis heute bei den Bayreuther Fest-
spielen die Zuschauerscharen in den Bann von Richard Wag-

ners „Ring-Zyklus". In Worms, der angeblichen Residenz der Burgunderkönige, haben sich die Nibelungen vor einigen Jahren den Weg auf die Theaterbühne gebahnt. Kein geringerer als Mario Adorf, der aus zahlreichen Spielfilmen als Bösewicht bekannt ist, mimte dort den Hagen von Tronje. Mehrmals wurde der Stoff verfilmt. Fritz Lang zum Beispiel setzte den Nibelungen mit *Kriemhilds Rache* im Jahre 1924 ein filmisches Denkmal. Auch im Museum hatten die Nibelungen unlängst Konjunktur. In einer großen Ausstellung nahm sich das Badische Landesmuseum Karlsruhe im Jahre 2003 des *Nibelungenliedes* an.[3] Selbst in der deutschen Sprache hat der Sagenstoff mit dem berühmt-berüchtigten Wort von der „Nibelungentreue" seinen Niederschlag gefunden. All diese Bilder prägen die heutigen Vorstellungen von den Nibelungen.

Dabei hatte sich jahrhundertelang kaum jemand für die Nibelungen und ihr Schicksal interessiert. Die mittelalterliche Überlieferungstradition fand zu Beginn des 16. Jahrhunderts ihr Ende. Zu dieser Zeit wurde das *Nibelungenlied* noch einmal in das sogenannte *Ambraser Heldenbuch* Kaiser Maximilians I. von Habsburg († 1519) aufgenommen. Dann legte sich ein Schleier des Vergessens über die Nibelungen, der nur von einigen Gelehrten gelegentlich ein wenig gelüftet wurde. Ein Zufall entriss das *Nibelungenlied* am 29. Juni 1755 seinem Dornröschenschlaf. An diesem Tag stieß der Arzt Jakob Hermann Obereit in der Bibliothek des Grafen von Hohenems, gelegen in der Nähe von Bregenz, auf eine im 13. Jahrhundert entstandene Handschrift des Werkes. Der Stoff erregte sein Interesse, und so berichtete er dem Zürcher Gelehrten Johann Jacob Bodmer (1698–1783) von seiner Entdeckung. Bodmer und sein Schüler Johann Heinrich Füssli (1741–1825) ebneten mit ihrer Bewertung des *Nibelungenliedes* als einer „homergleichen Ilias" den Weg zum deutschen Nationalepos. Der griechischen Kultur der Antike, die man zu dieser Zeit mit romantischer Begeisterung wiederentdeckte, ließ sich nun eine germanische zur Seite stellen – ein Fundament für die Konstruktion nationalen Bewusstseins.

Den Grundstein für die weitere Entwicklung des *Nibelungenliedes* zum „National-Epos der Deutschen" legte der Jurist Friedrich Heinrich von der Hagen (1780–1856), der im Jahre 1810 auf die erste Professur für deutsche Sprache und Literatur an der Universität Berlin berufen wurde.[4] Die bluttriefende Handlung des *Nibelungenliedes* bietet aus der Sicht eines heutigen Westeuropäers, der seit dem Ende des zweiten Weltkrieges glücklicherweise eine friedfertige Nachbarschaft kennt, eigentlich alles andere als Anknüpfungspunkte zur Stiftung nationaler Identität. Doch die darin geschilderten Figuren schienen den Zeitgenossen des 19. Jahrhunderts durchaus geeignet, diese zu Trägern vermeintlich „spezifischer deutscher Nationaltugenden" zu stilisieren.[5] Von der Hagen resümiert diese „Tugenden" im Vorwort seiner 1807 erschienenen Bearbeitung des *Nibelungenliedes* folgendermaßen:

> „*Gastlichkeit, Biederkeit, Redlichkeit, Treue und Freundschaft bis in den Tod, Menschlichkeit, Milde und Großmuth in des Kampfes Noth, Heldensinn, unerschütterlicher Standesmuth, übermenschliche Tapferkeit, Kühnheit und willige Opferung für Ehre, Pflicht und Recht.*"[6]

Mag man sich angesichts des Stoffes heute ernsthaft fragen, wo von der Hagen Charaktereigenschaften wie „Menschlichkeit" und „Milde" entdecken konnte, fielen die Parolen vom „*unvertilgbaren Deutschen-Karakter*" im Zeitalter napoleonischer Besatzung auf fruchtbaren geistigen Boden. Sie beschworen die Illusion nationaler Einheit gegen den Feind Napoleon.

Seitdem im Bewusstsein verankert, nahmen solche, dem mittelalterlichen Werk zusehends entfremdete Bilder eine unheilvolle Entwicklung. So ist das Motiv der „Nibelungentreue" untrennbar verknüpft mit dem Grauen zweier Weltkriege. In seiner Rede vor dem Reichstag charakterisierte der Reichskanzler Fürst von Bülow am 29. März 1909 mit eben jenem Wort die Beziehungen des Deutschen Reiches zu Österreich-Ungarn. Geleitet von dieser „Tugend" sollte Deutschland an der Seite der habsburgischen Doppelmonarchie fünf Jahre später begeistert in den Ersten Weltkrieg ziehen. Schließlich musste auch zur propagandistischen Erklärung der Niederlage des Deutschen Reiches eine Schlüsselszene des *Nibelungenliedes* herhalten. Geschürt von der nationalkonservativen Opposition im Reichstag und von den Nationalsozialisten im Folgenden weidlich ausgeschlachtet, fand seit dem Herbst 1918 eine noch heute als „Dolchstoßlegende" bekannte These weite Verbreitung. Schuld am Kriegsausgang sei nicht das militärische Kräfteverhältnis an der Front gewesen, hieß es. Vielmehr habe es an Unterstützung durch die eigene Heimat gefehlt, die den Soldaten einen Dolch in den Rücken gestoßen habe. Die Vorlage für dieses Bild lieferte die hinterhältige Ermordung Siegfrieds im *Nibelungenlied*. Der Sieger der Schlacht bei Tannenberg, der Generalfeldmarschall und spätere Reichspräsident Paul von Hindenburg, sollte dem symbolbefrachtet Ausdruck verleihen.

„Wie Siegfried unter dem hinterlistigen Speerwurf des grimmigen Hagen, so stürzte unsere ermattete Front; vergebens hatte sie versucht, aus dem versiegenden Quell der heimatlichen Kraft neues Leben zu trinken",

schrieb er.[7] Die Nationalsozialisten verstanden es, die „Dolchstoßlegende" wie auch die „Nibelungentreue" für ihre Zwecke zu nutzen. Der Entscheidungskampf der Burgunderkönige am Hofe des Hunnenkönigs Etzel diente Hermann Göring am 30. Januar 1943 als Vergleich zur Schlacht im Kessel von Stalingrad. Wie die Nibelungen in Feuer und Brand – den Durst mit dem eigenen Blut löschend – bis zum letzten Mann zu kämpfen, lautete die Botschaft des Reichsmarschalls an die Soldaten der Wehrmacht. Ihren propagandistischen Höhepunkt fanden solche Vergleiche zu dieser Zeit auf der Opernbühne von Bayreuth. Hier wurde der Held Siegfried in ein „arisches" Aushängeschild des nationalsozialistischen Rassenwahns verwandelt. Es war der Trauermarsch aus Richard Wagners *Götterdämmerung,* mit dessen Klängen der deutsche Rundfunk am 30. April 1945 die Meldung vom Tod Adolf Hitlers garnierte. Hitler, ein glühender Verehrer des Komponisten und mit dessen Schwiegertochter Winifred eng verbunden, wurde damit gleichsam zum Siegfried stilisiert. Die Verquickung von Stoffen des *Nibelungenliedes* mit der nationalsozialistischen Propaganda wirkt bis heute nach. Den missbrauchten Nibelungen haftet der Schatten der braunen Vergangenheit an. Auch er ist unbestreitbar Teil des gegenwärtigen Nibelungenbildes. An diesem Punkt angelangt, ist es nun höchste Zeit, sich eingehender mit der Quelle dieser Bilderflut zu befassen, dem berühmten, zwischen 1190 und 1205 von einem unbekannten Dichter in mittelhochdeutscher Sprache zusammengestellten *Nibelungenlied.*

Das Nibelungenlied

Die in diesem Epos erzählten „Abenteuer" haben vor allem in ihren neuhochdeutschen, sprachlich für den modernen Leser geglätteten Fassungen weite Verbreitung erfahren. Die Zahl der überlieferten Handschriften zeugt aber auch davon, dass sich das *Nibelungenlied* schon im Mittelalter großer Beliebtheit erfreute. So sind heute nicht weniger als 37 vollständige Manuskripte und Fragmente von unterschiedlicher Länge bekannt.[8]

Die drei ältesten, sogenannten Haupthandschriften entstanden allesamt noch während des 13. Jahrhunderts. Sie befinden sich heute in der Bayerischen Staatsbibliothek München (Cgm 34), der Stiftsbibliothek zu St. Gallen (Cod. 857) sowie der Badischen Landesbibliothek Karlsruhe (Cod. Donaueschingen 63).

Während über den Autor des *Nibelungenliedes* nichts bekannt ist, gilt als wahrscheinlichster Auftraggeber für dessen Abfassung der Passauer Bischof Wolfger von Erla.[9] Dieser wirkte zwischen 1191 und 1204 als Oberhirte der Stadt, also zu der Zeit, die im Allgemeinen für die Entstehung des *Nibelungenliedes* angesetzt wird. Daneben ist in einem Zusatz zum *Nibelungenlied*, der sogenannten *Klage*, die Rede davon, dass Bischof Pilgrim von Passau seinen Schreiber Meister Konrad damit beauftragt habe, die gesamte Geschichte der Nibelungen in lateinischer Sprache niederzuschreiben (Vers 4295ff.). Als Grund für diesen Auftrag nennt der Text Pilgrims Zuneigung zu seinen Neffen, den Burgunderkönigen. Im *Nibelungenlied* selber erscheint der Bischof von Passau als Gastgeber seiner Nichte Kriemhild und deren Gefolge (Vers 1296–1330). So heißt es darin unter anderem: *„In der Stadt Passau residierte ein Bischof. Die Unterkünfte und auch der fürstliche Hof leerten sich. Denn man eilte den Fremden auf der Straße entgegen, die nach Bayern hinaufführte, wo der Bischof Pilgrim die schöne Kriemhild traf.“* Einiges spricht dafür, in diesem Bischof Pilgrim Wolfger von Erla zu sehen. Seine Inthronisierung fiel auf den 200. Todestag seines Amtsvorgängers Pilgrim, der zwischen 971 und 991 als Bischof von Passau bezeugt ist. Ferner gelangte Wolfger auf den Patriarchenthron von Aquileia, was ihn ebenfalls zum Nachfolger eines Pilgrim machte. Schließlich aber war er auch als Kreuzzugsteilnehmer ein *peregrinus*, ein Pilger. Darüber hinaus ist Wolfger von Erla als Förderer der Künste bekannt.[10] Dem Zeugnis eines zeitgenössischen Schriftstücks zufolge gelangte kein geringerer als der bekannte Minnesänger Walther von der Vogelweide durch die Zuwendung des Passauer Bischofs am 12. November 1203 in den Besitz eines Pelzmantels. Ein solcher Mäzen war zweifelsfrei vonnöten, um die Menge an Pergament zu bezahlen, die für die Abfassung des langen Textes erforderlich war. Zugleich deutet die Erwähnung Pilgrims von Passau möglicherweise auf den Zweck des *Nibelungenliedes* hin. Auch wenn der Bischof darin nur eine kleine Nebenrolle spielt, betrachtete man wohl um 1200 „am Passauer Bischofshof die Nibelungensage als Teil der eigenen Geschichte."[11] Als man im Jahre 1181 das Grab des 991 verstorbenen Pilgrim öffnete, ereignete sich angeblich eine Reihe von Wundern. Der Kult um den wundertätigen Bischof entfaltete sich also ungefähr zu der Zeit, die für die Abfassung des *Nibelungenliedes* angenommen wird. Somit liegt es nahe, dass das Werk mit der Absicht verfasst wurde, den Verehrungswürdigen über die Grenzen Passaus hinaus bekannter zu machen und seine Grablege als Pilgerziel aufzuwerten – ein weiterer Aspekt des vielschichtigen *Nibelungenliedes*.

Das Versepos vereinigt mehrere, ursprünglich voneinander unabhängige Stoff- und Sagenkreise.[12] Am Anfang stehen die Ausführungen zu Siegfrieds Jugend und seinen ersten Heldentaten, in deren Mittelpunkt die Gewinnung des Nibelungenhorts und der Sieg über den Drachen stehen. Daran schließen sich die Werbung König Gunthers um die Walküre Brunhild, der Streit zwischen Kriemhild und Brunhild und der Tod Siegfrieds an. Es folgt Kriemhilds Rache am Hof Etzels, die mit dem Untergang der Burgunder endet. Als weitere Stoffkreise lassen sich die Schilderungen um Dietrich von Bern sowie Etzels Tod ausmachen.

Die ältesten Erzählmotive weisen eindeutig nach Nordeuropa, wurden allerdings erst später aufgeschrieben als das mittelhochdeutsche *Nibelungenlied*. So finden sich Schilderungen der Taten des altnordischen Helden Sigurd in der altisländischen Liedersammlung *Edda* wieder. Im *Nibelungenlied* zieht der junge Held Siegfried von Xanten an den Hof der Burgunderkönige Gunther, Gernot und Giselher nach Worms, um deren anmutige Schwester Kriemhild für sich zur Frau zu gewinnen. Seine Taten hatten sich schon bis dorthin herumgesprochen. So berichtet Hagen von Tronje darüber, wie Siegfried sich in den Besitz des Nibelungenhorts brachte: Als Siegfried einmal ohne Begleitung auszog, traf er auf die Nibelungen, die gerade ihren unermesslichen Hort aus einer Berghöhle herausgeholt hatten, um diesen unter sich aufzuteilen. Dieses Unterfangen gestaltete sich indes schwierig, und so ersuchten die Nibelungen Siegfried, die Teilung vorzunehmen. Doch vermochte er die Aufgabe nicht zu lösen und beging Verrat an seinen Auftraggebern. Mit Hilfe des wunderbaren Schwertes Balmung, das ihm die Nibelungen in Erwartung seiner Dienste geschenkt hatten, besiegte er die rechtmäßigen Besitzer des Horts. Zwölf Riesen und siebenhundert Krieger bezwang er dabei ganz allein und entriss schließlich dem Zwerg Alberich dessen Tarnkappe. Dadurch wurde er zu „*des hordes herre*" (Vers 97). Er ließ den Schatz wieder in den Schoß des Berges zurücktragen und machte den starken Alberich zum Kämmerer.

Auch von Siegfrieds Kampf mit dem Drachen weiß Hagen zu erzählen: „*Einen Drachen hat der Held erschlagen. Er badete in dem Blute, und daraufhin hat er eine Hornhaut bekommen. Deshalb verwundet ihn keine Waffe, wie sich schon oft gezeigt hat*" (Vers 100).[13] Seite an Seite mit den Burgundern zieht Siegfried in den Kampf gegen die Sachsen und Dänen. Durch weitere Heldentaten mehrt sich sein Ruhm.

Bei seiner Rückkehr nach Worms sehen sich Siegfried und Kriemhild zum ersten Mal. Sie entbrennen in Liebe füreinander.

Als König Gunther Siegfried seinen Plan offenbart, Brunhild zur Frau nehmen zu wollen, erklärt der Held nach einigem Zögern seine Bereitschaft zur Hilfe. Hierfür verlangt er, Kriemhild heiraten zu dürfen. Gunther willigt ein. Zur Brautwerbung um Brunhild reisen sie nach Island. Mit Siegfrieds Unterstützung, der sich unter der Tarnkappe versteckt, gelingt es Gunther, Brunhild im Wettstreit zu besiegen. Diese kommt daraufhin nach Worms. Zwischen Gunther und Brunhild sowie zwischen Siegfried und Kriemhild wird nun die Ehe geschlossen. Unter den beiden Königinnen entbrennt ein Streit darüber, welcher ihrer Männer die höhere Stellung einnimmt und wer deshalb zuerst die Kirche betreten darf. Während des Wortwechsels kommt es zu gegenseitigen Beleidigungen. Als Kriemhild ihr die Wahrheit über den Wettstreit auf Island und die Folgen entgegen schleudert, fühlt Brunhild sich entehrt. Hagen überzeugt daraufhin König Gunther, dass diese Schmach nur durch die Ermordung Siegfrieds getilgt werden kann. Bald darauf überbringen Boten die fingierte Nachricht von einer neuerlichen Kriegserklärung der Sachsen und Dänen. Umgehend erklärt sich Siegfried bereit, ins Feld zu ziehen. Unter dem Vorwand, ihren Mann schützen zu wollen, entlockt Hagen Kriemhild das Geheimnis um Siegfrieds verwundbare Stelle, die sie mit einem gestickten Kreuz auf dem Gewand kennzeichnet. Hinterrücks wird der Held von Hagen ermordet. Die trauernde Witwe Kriemhild lässt den Nibelungenhort, ihr Erbe, nach Worms bringen und verteilt großzügige Geschenke an das Volk. Hagen, der sich vor der Rache der Königin fürchtet, raubt den Schatz und versenkt ihn im Rhein. Unter gegenseitigen Schwüren der Verschwiegenheit, setzt er später die Könige über den Ort des Verstecks in Kenntnis.

Dreizehn Jahre vergehen. Da entsendet der Hunnenkönig Etzel seinen Boten Rüdiger an den Wormser Hof und wirbt um

Kriemhild. Diese lehnt das Ansinnen zunächst ab, will sie sich doch nicht mit einem Heiden vermählen. Als sie jedoch Etzels Macht erkennt und die Brautwerber zudem beteuern, jedes ihr zugefügte Leid rächen zu wollen, willigt Kriemhild ein. Etzel zieht seiner Braut entgegen. In seinem Gefolge befindet sich auch der tapfere Dietrich von Bern. Kriemhild lädt ihre Brüder zu den Hochzeitsfeierlichkeiten an den hunnischen Hof. Nun folgt ihre Rache, die mit dem Tod aller Burgunder endet. Auch sie selbst fällt schließlich durch das Schwert.

Geschichte hinter den Geschichten

So sagenhaft die im *Nibelungenlied* dargestellten Personen und Ereignisse anmuten, steckt in ihnen doch ein historischer Kern. Die zentralen Erzählmotive reichen zurück in die Völkerwanderungszeit. Wenden wir unsere Betrachtung zunächst den legendären Burgunderkönigen und ihrem Hof in Worms zu. Erstmals fassbar werden die historischen Burgunder in dem Stammesnamen *Burgundionen* um die Mitte des ersten nachchristlichen Jahrhunderts in der *Historia Naturalis* Plinius' des Älteren (23/24–79), der sie den ostgermanischen Vandalen zurechnet (4,98: „*Vandalii quorum pars Burgundiones...*").[14] Ihr Siedlungsraum ist zu dieser Zeit das Mündungsgebiet zwischen Oder und Weichsel. Tacitus nennt sie in seiner berühmten, um 100 n. Chr. entstandenen *Germania* hingegen nicht. Erst im 2. Jahrhundert tauchen sie im Werk des Geographen Ptolemaios (um 100 – um 160) erneut auf. Die ältere Forschung ging davon aus, dass die Burgunder, wie andere der sogenannten ostgermanischen Stämme, ursprünglich aus Skandinavien stammten. Angelsächsische Quellen des 9. Jahrhunderts beschreiben die heute dänische Ostseeinsel Bornholm als „*Burgonderland*" und angebliche Heimat der Burgunder. Heute schließt man südskandinavische Ursprünge nicht grundsätzlich aus, verweist aber auf den Mangel entsprechender Belege.[15] Fest steht hingegen, dass im 3. Jahrhundert die Wanderung der Burgunder in Richtung Süden einsetzte. Im Jahre 278 lässt sich ihre Anwesenheit zunächst in Raetien nachweisen, wo sie dem Bericht des Zosimos zufolge mit anderen germanischen Stämmen durch Kaiser Probus (276–282) am Lech geschlagen wurden. Im Laufe des 4. Jahrhunderts wanderten die Burgunder weiter gen Westen an den oberen Main. Die römischen Geschichtsschreiber bezeugen mehrfach ihren militärischen Einsatz an der Seite der Römer.[16] Schließlich verdrängten sie die Alamannen aus dem nordwestlichen Teil ihres Siedlungsgebiets und stießen bis zum Rhein vor.

Hier nähern wir uns allmählich dem legendären Burgunderreich des *Nibelungenliedes*. Mit dem großen Vandalenzug des Jahres 406/407, in dem Vandalen, Sueben und Alanen sich auf den Weg zur Iberischen Halbinsel machten, setzten auch die Burgunder auf die linke Seite des Stromes nach Gallien über. Zur selben Zeit ließ sich Konstantin III. in Britannien zum weströmischen Kaiser ausrufen. Für seinen Heereszug auf den Kontinent versicherte sich der Usurpator vertraglich der Unterstützung der Burgunder und beauftragte sie mit der Sicherung der Rheingrenze. Das Unternehmen schlug fehl. Die Anhänger des Kaisers Honorius erwiesen sich als die Stärkeren. Im Jahre 411 wurde Konstantin III. in Arles hingerichtet. Doch ein neuer Usurpator stand in Gestalt des Jovinus schon bereit. Dem Bericht Olympiodors zufolge spielten die Burgunder unter Führung Gundahars eine aktive Rolle bei der Erhebung des Jovinus zum weströmischen Kaiser. Will man den Ausführungen des Geschichtsschreibers glauben, so fand die Kaiserproklamation an einem Ort namens *Mundiacum* statt. Es ist durchaus wahrscheinlich, dass es sich bei *Mundiacum* um eine Verschreibung des Wortes *Mogontiacum* handelt, der lateinischen Bezeichnung für Mainz am Rhein. Allerdings reicht diese Vermutung nicht aus, um das „Burgunderreich" Gundahars geografisch eindeutig zu lokalisieren. Immerhin waren auch Alanen unter Führung des Goar bei dem Ereignis anwesend.[17] Zudem bleibt dies die einzige Nennung eines Ortsnamens am Rhein in Verbindung mit den Burgundern. Wie schon Konstantin III., vermochte auch Jovinus die usurpierte Kaiserwürde nicht lange für sich zu behaupten. So schlossen die Burgunder im Jahre 413, der zu dieser Zeit häufig angewandten Praxis entsprechend, einen Bündnisvertrag (*foedus*) mit dem weströmischen Kaiser Honorius. Auf dieser Grundlage errichteten sie ihr erstes „Reich" am Mittelrhein. Nichts ist über dessen Ausdehnung, geschweige denn dessen genaue Lage bekannt. Nirgends wird Worms als burgundische Hauptstadt erwähnt. Zeitgenössische Autoren bleiben in dieser Hinsicht mehr als vage. Der Chronik des Prosper Tiro zufolge erhielten die Burgunder einen Teil Galliens nahe des Rheins zur Ansiedlung (Chronik a. 413: „*Burgundiones partem Galliae propinquam Rheno obtinuerunt.*"). Neuere archäologische Befunde sprechen dafür, dass in den Limeskastellen am Mittelrhein zu dieser Zeit noch reguläre römische Grenztruppen untergebracht waren.[18] Demnach muss sich das burgundische Siedlungsgebiet dahinter befunden haben.

Will man den Ausführungen des Orosius glauben, wurden die im Rheingebiet siedelnden Burgunder mehrheitlich zu katholischen Christen. Doch das erste „Burgunderreich" am Rhein war zu kurzlebig, um archäologische Spuren zu hinterlassen. Der Burgunderkönig Gundahar trachtete nämlich schon bald danach, sein Reich auszudehnen. Deshalb stieß er mit seinen Kriegern nach Nordwesten in die römische Provinz Belgica vor. Dort wurden die Burgunder von dem weströmischen Heermeister Aëtius vernichtend geschlagen. Kurz darauf fielen dessen hunnische Verbündete über die Reste der burgundischen Truppen her. Nach dem Bericht des Prosper Tiro wurden bei diesem Angriff König Gundahar und viele Burgunder getötet. Auch wenn die von Hydiatus angeführte Zahl von 20.000 Gefallenen sicherlich viel zu hoch angesetzt ist, muss der Aderlass doch immens gewesen sein.[19]

Um 443 siedelte Aëtius die restlichen Burgunder in der Sapaudia, dem heutigen Savoyen, rund um den Genfer See an. Diese Ansiedlung markiert den Beginn des zweiten Burgunderreiches, dessen Bestand ebenfalls nur von kurzer Dauer sein sollte.[20] Die sapaudischen Burgunder erwiesen sich als treue Föderaten des untergehenden römischen Imperiums. Im Jahre 451 sollten sie an der Seite ihres ehemaligen Gegners Aëtius gegen Attilas Hunnen auf den Katalaunischen Feldern kämpfen. In der Folgezeit gelang es den Burgunderkönigen, ihr savoyisches Siedlungsgebiet stromabwärts der Rhône entscheidend auszudehnen. In der zweiten Hälfte des 5. Jahrhunderts erstreckte sich ihr Einflussbereich in etwa auf jene Region, die bis heute den Namen „Burgund" trägt. Lyon, damals *Lugdunum* genannt, wurde zur zweiten Hauptstadt des Burgunderreiches. Diese wurde im Jahre 534 durch die Expansion des merowingischen Frankenreiches in seinen Grundfesten erschüttert und von den mächtigeren Nachbarn aufgesogen. Viele Ereignisse dieser kurzen burgundischen Geschichte fanden ihren Widerhall im *Nibelungenlied*. Wie aber steht es mit dessen Hauptpersonen? Existieren historische Vorbilder für die legendären Burgunderkönige und ihre schöne Schwester Kriemhild, den Helden Siegfried, den finsteren Hagen von Tronje, den mächtigen Hunnenkönig Etzel und den wackeren Dietrich von Bern?

Im Hinblick auf die Burgunderkönige lässt sich die Frage einfach beantworten. Von König Gundahar, der die Geschicke des ersten

Burgunderreiches am Rhein so glücklos leitete, war bereits die Rede. Er diente offenbar als Vorbild für den König Gunther des *Nibelungenliedes*. Auf die Spur seiner Brüder Giselher und Gernot wie auch auf deren Vater Dankrat führt die unter König Gundobad (um 480–516) begonnene Gesetzessammlung der sogenannten *Lex Burgundionum*.[21] Sie nennt als Vorfahren des Gesetzgebers Gundobad neben Gundahar die Könige Gibica, Gundomar und Gislahar. Bis ins Spätmittelalter hinein heißt der Vater der Burgunderkönige nicht Dankrat, sondern Gibeche.[22] Die Parallele zum *Nibelungenlied* ist in diesem Fall unübersehbar. Gislahar verweist recht eindeutig auf Giselher. Der Name Gundomar wird in seiner Übertragung ins Altnordische zu Guthorn, ins Deutsche zu Gernot. Die historischen Vorbilder für die legendären Könige des *Nibelungenliedes* sind demnach zumindest namentlich fassbar.

Anders gestaltet sich die Lage hinsichtlich des Helden Siegfried von Xanten und seines heimtückischen Widersachers Hagen von Tronje. Die Suche nach realen Gestalten hinter der Fiktion verliert sich in Spekulationen. Siegfried verschmilzt in der Interpretation einiger Wissenschaftler mit Arminius, der neuen Erkenntnissen der archäologischen Forschung zufolge im Jahre 9 nach Christus die Legionen des Varus in der Niewedder Senke bei Bramsche nördlich von Osnabrück vernichtend schlug. Arminius, der fälschlich auch immer noch „Hermann" genannt wird, gehörte dem germanischen Stamm der Cherusker an. Wie viele Germanen hatte er im römischen Heer gedient und einige Stufen der Karriereleiter erklommen. Dabei hatte er sogar das römische Bürgerrecht erworben. Dies hinderte ihn freilich nicht daran, zurückgekehrt in seine Heimat den Widerstand eines Teiles der Germanenfürsten gegen die Römer zu organisieren. Wohl um 21 nach Christus wurde er im Zuge eines Aufstandes von seinen eigenen Verwandten ermordet. Nicht nur dies ist eine Parallele zum Schicksal Siegfrieds. Vielmehr findet die spätere Arminius-Überlieferung ihren Ausgangspunkt in Xanten.

Zu Hagens Herkunft gibt es unterschiedliche Theorien. Manche versuchen „Tronje" aus der antiken Bezeichnung für Xanten zu rekonstruieren, das die Römer *Colonia Ulpia Traiana* nannten. Andere verorten seine Heimat im Unterelsass, im Hunsrück oder in Frankreich. Die schöne Kriemhild findet indes ihr historisches Pendent in der Germanin Hildico. In der Hochzeitsnacht mit dieser starb der Hunnenkönig Attila, der Etzel des *Nibelungenliedes*. Umgehend tauchten Gerüchte auf, Hildico habe ihren Angetrauten aus Rache für ihre im Kampf gegen die Hunnen gefallenen Verwandten ermordet. Im Laufe der Zeit hat sich das Motiv der germanischen Mörderin offenbar zur Schutzbedürftigen gewandelt, die mit Hilfe von Etzel den Mord an Siegfried an ihren Angehörigen rächt. Ein möglicher Grund für diese Umdeutung liegt in der Entwicklung des Etzelbildes, das offenbar nicht mit einem Meuchelmord durch eine Frau vereinbar war, einen Akt, der den gefürchteten Herrscher als Schwächling hätte erscheinen lassen.

Ein ostgotischer König bei den Hunnen

Im Gefolge Attilas taucht ein Ritter namens Dietrich von Bern auf. Er ist als Flüchtling zu den Hunnen gestoßen und dem heidnischen König, der ihm Schutz gewährt, loyal ergeben. Hinter diesem Dietrich verbirgt sich augenscheinlich der ostgotische König Theoderich der Große (um 453–526). Diese Betrachtung offenbart zugleich die chronologischen Ungereimtheiten des *Nibelungenliedes*. Theoderich der Große, der das norditalienische Ravenna zu Beginn des 6. Jahrhunderts in einen Hort der Kunst und Kultur verwandeln sollte, wurde nämlich erst ein

Jahr nach dem Tode Attilas geboren.[23] Zwischen ihm und dem burgundischen König Gundobad ist allerdings ein interessanter Briefwechsel bezeugt. In ihm spiegelt sich die kulturelle Blüte Ravennas in beeindruckender Weise wider. Auf seine Bitte hin übersandte Theoderich dem Burgunderkönig im Jahre 507 eine Sonnen- und eine Wasseruhr nebst zugehörigem Bedienungspersonal. Es waren frühmittelalterliche Meisterwerke der Feinmechanik, eine Kunst, die im östlichen Mittelmeerraum auf höchstem Stand gepflegt wurde, in den Germanenreichen des westlichen Europa hingegen noch gänzlich unbekannt war. Wie Wunder erscheine den Burgundern, was in Ravenna alltäglich sei, schrieb Theoderich daher dem in seinen Diensten stehenden römischen Philosophen Boëthius. *„Denn mit Recht wünschen sie selbst anzuschauen, was sie in den Berichten ihrer Gesandten in Erstaunen versetzt hat"*, heißt es weiter. In den Beziehungen zwischen den Völkerschaften dieser Zeit liegt möglicherweise eine Erklärung für Theoderichs späteren Auftritt im *Nibelungenlied*.

Der Gestaltwandel vom berühmten Herrscher Theoderich zum Flüchtling Dietrich von Bern am Hofe Etzels vollzog sich im Laufe des Mittelalters über mehrere literarische Stationen.[24] Eine Umdeutung von Theoderichs umsichtiger Herrschaft fand bereits wenige Jahrzehnte nach dessen Ableben statt. Die Darstellungen des Ostgotenkönigs wurden dabei mit zahlreichen, unterschiedlichen Legenden ausgeschmückt, für die sich kein realer historischer Hintergrund rekonstruieren lässt. In seinen am Ende des 6. Jahrhunderts entstandenen *Dialogi* stilisierte Papst Gregor der Große (590–604) Theoderich zum Mörder an Papst Johannes. Zur Strafe für diesen Frevel habe Gott den Gotenkönig in den Vulcanus gestürzt, heißt es in den Ausführungen. Ziel des Katholiken Gregor war es, die Herrschaft des Arianers Theoderich im schlechten Licht der Tyrannei erscheinen zu lassen. Er hatte mit dieser Propagandastrategie Erfolg. Die Konkurrenz zwischen Katholiken und Arianern, die letztendlich das seiner historischen Wirklichkeit entfremdete Theoderich-Bild am Ende des 6. Jahrhunderts begründete, erscheint uns heute mit all ihren theologischen Spitzfindigkeiten nur schwer nachvollziehbar. Während der arianischen Auffassung zufolge lediglich eine Wesensähnlichkeit (Homoiusie) zwischen Gottvater und Sohn besteht, so existiert nach katholischem Glauben zwischen beiden eine Wesensgleichheit (Homousie). Bereits im Jahre 325 wurden die Lehren der Arianer auf dem Konzil von Nicaia verdammt. Das Konzil von Chalcedon knüpfte 451 an diese Verurteilung an und präzisierte die Glaubensgrundsätze der Dreifaltigkeitslehre. Resultat war das Schisma zwischen Rom und Byzanz. Im Jahre 484 kam es zur kirchlichen Spaltung und stetigen Streitigkeiten um die richtige Formel des Glaubensbekenntnisses. Diese Spannungen sollten sich während der letzten Lebensjahre Theoderichs zuspitzen. So hatte der Herrscher den Papst Johannes ersucht, beim oströmischen Kaiser als Vermittler für einen toleranteren Umgang mit den Arianern aufzutreten, die in Byzanz Verfolgung und Bedrückung ausgesetzt waren. Doch Johannes tat alles andere als das. Im Gegenteil, das katholische Kirchenoberhaupt ging so weit, den oströmischen Kaiser in allen Ehren noch einmal zu krönen. Angesichts dieses Verrats ordnete Theoderich nach der Rückkehr des Papstes an, dass sich dieser in Ravenna aufzuhalten habe. Dort starb Johannes – allerdings ohne das Zutun Theoderichs – nur wenige Tage später. Doch blieb der Tod des Papstes wie ein Makel an dem Herrscher haften, der seinerseits kurz darauf, am 30. August 526, aus dem Leben schied.

Aus solch zufälligen Ereignissen ließen sich trefflich Legenden spinnen. Und so erfuhr die Herrschaft Theoderichs des Großen in der vornehmlich von katholischen Klerikern geprägten Geschichtsschreibung des Mittelalters jene negative Deutung, die ihn zum häretischen und gottlosen Tyrannen stempelte und im *Nibelungenlied* wie späteren Zeugnissen der deutschen Dichtung zum Exilanten degradierte. Dabei erklärt sich der dort verwendete Name „Dietrich" einfach durch den deutschen Lautstand des in lateinischen Schriftzeugnissen stets benutzten „Theoderich".

Attila, die „Geißel Gottes"

Neben dem ostgotischen König lässt sich auch die Person Attilas/Etzels historisch recht gut fassen. Allerdings verschwindet die reale Gestalt des Hunnenherrschers hinter mittelalterlichen Zerrbildern, die heutige Vorstellungen noch immer maßgeblich prägen.[25] Sie erscheinen untrennbar verknüpft mit dem hunnischen Ansturm aus den Steppen Asiens, der um 375 die große Völkerwanderung auslöste. Obwohl die Hunnen gerade einmal acht Jahrzehnte in die Geschicke des frühmittelalterlichen Europa eingriffen und ebenso plötzlich wieder verschwanden wie sie aufgetaucht waren, wirkte die Erinnerung an die traumatischen Ereignisse und an den berühmtesten Hunnenherrscher Attila lange nach. Bischof Isidor von Sevilla schuf das bis in die Gegenwart hinein geläufige Bild Attilas als der „Geißel Gottes". Im *Nibelungenlied,* in dem die Person des Herrschers nicht eingehend dargestellt wird, schwingt die Vorstellung von der Stärke und Unbesiegbarkeit der Hunnen noch immer mit. Doch mehr als ein Jahrtausend nach der hunnischen Invasion hatte sich der Herrscher gänzlich zu einem Teufel entwickelt. Mit dem Auftauchen der Mongolen im Osten Europas am Beginn des 13. Jahrhunderts hatten die frühmittelalterlichen Bilder erneut an Aktualität gewonnen. Illustrationen des 15. Jahrhunderts zeigen ihn mit Hörnern, Hundskopf oder Bocksgesicht. Das verfremdete Antlitz des Hunnenherrschers stand symbolträchtig für die fremdartige Bedrohung, die zum Angriff bereit in entfernten Steppen lauerte.

Die Herkunft der Hunnen wie auch die Gründe für ihren Eroberungszug gen Westen werfen bis heute Fragen auf. Der Name „Hunnen" stammt möglicherweise vom Volk der Xiung-nu (in älteren Schreibungen Hsiung-nu oder Hiung-nu), das in chinesischen Quellen auftaucht.[26] Will man den Zeugnissen glauben, waren es die Überfälle dieser Reiternomaden an der Nordgrenze Chinas, die im 3. Jahrhundert vor Christi Geburt zum Bau der Großen Mauer führten. Als mögliche Erklärungen für ihren Zug nach Westen werden sowohl eine Verschlechterung des Klimas als auch ein allgemeiner Mangel an Lebensnotwendigem angeführt. Aus dem Norden Chinas verlief ihre Wanderung südlich des Ural und nördlich des Kaspischen Meeres bis nach Russland. Die Ostgoten auf dem Balkan machten als erste feindliche Bekanntschaft mit den Hunnen, die um 375 plötzlich wie aus dem Nichts massenhaft in ihren Siedlungsgebieten auftauchten. Umgehend wurde die überlegene Kampfestechnik der meisterhaften Reiter mit ihren kurzen Reflexbögen offenbar. Dem Bericht des Geschichtsschreibers Zosimos zufolge regnete ein Hagel hunnischer Pfeile auf die überraschten Ostgoten nieder und richtete unter diesen ein wahres Blutbad an. Der Schrecken war nachhaltig. Die hunnische Stärke war so beeindruckend deutlich geworden, dass sich der greise König Ermanerich gemäß dem Bericht des Ammianus Marcellinus in sein eigenes Schwert stürzte. Der Großteil der Ostgoten unterwarf sich den fremden Eroberern.

Im ersten Drittel des 5. Jahrhunderts kam die Ansiedlung der Hunnen innerhalb des Karpatenbogens zum Abschluss.[27] Das Zentrum ihrer Herrschaft lag zwischen Donau und Theiss. Durch die Einverleibung Pannoniens, das die Hunnen zur Belohnung für ihre militärische Unterstützung des weströmischen Heermeisters Aëtius erhalten hatten, erlangte ihr Reich im Jahre 433 seine größte Ausdehnung. Der im Zusammenhang mit der Umsiedlung der Burgunder bereits erwähnte Aëtius hatte sich im Zuge weströmischer Machtintrigen zum hunnischen Herrscher Rua (oder Ruga) begeben und um dessen Beistand im Kampf geworben. Der hierüber geschlossene Vertrag, sah wahrscheinlich die Abtretung römischer Gebiete an der Donau als Gegenleistung vor. Aëtius konnte sich nun seines Rivalen Sebastianus, der an seiner Statt zum Heermeister bestellt worden war, entledigen und in der Folgezeit seine Machtposition im weströmischen Reich ausbauen. Seit 435 wirkte er als kaisergleicher Regent, geschmückt mit dem Titel *patricius*. Noch im gleichen Jahr starb Rua. Nachfolger waren dessen Neffen Bleda und Attila. Die gotischen Namen dieser neuen Herrscher bieten einen Eindruck des zwiespältigen Verhältnisses von Hunnen und Goten.[28] Der Geschichtsschreiber Jordanes berichtet in seinem Werk, der zur Mitte des 6. Jahrhunderts verfassten *Getica*, viele Große unter den Hunnen hätten gotische Namen gewählt. Goten wiederum führten auch hunnische Namen. Dass die unterworfenen Völkerschaften hunnische Moden und Sitten bisweilen übernahmen, zeigt das eindrückliche Beispiel künstlicher Schädeldeformation. Befunde von Skeletten frühmittelalterlicher Gräberfelder belegen, dass Alamannen, Burgunder und Goten die Hinterköpfe im Kindesalter mit Bandagen umwickelten und so allmählich in eine längliche Form brachten.

Nach dem Herrscherwechsel setzte Aëtius weiterhin auf diplomatische Kontakte zu den Hunnen. Wahrscheinlich wurde der frühere Vertrag erneuert. Um die getroffenen Vereinbarungen abzusichern, stellte der weströmische Heermeister den Gepflogenheiten der Zeit entsprechend seinen Sohn als Geisel. Doch die Hunnen hatten ihren Blick nicht nur nach Westen gerichtet. Auch zu Byzanz unterhielten sie vertragliche Beziehungen. Der oströmische Kaiser hatte sich mit einer jährlichen Zahlung von 350 Goldpfund den Schutz vor weiteren hunnischen Übergriffen erkauft. Noch zu Ruas Lebzeiten hatten sich allerdings einige hunnische Stämme auf eigene Faust den Byzantinern angeschlossen. Bleda und Attila setzten nun die Verhandlungen in dieser Angelegenheit fort. Die Byzanz auferlegten Bedingungen kamen einer Demütigung gleich. So mussten sich die Byzantiner vertraglich verpflichten, keine Bündnisverträge mit Feinden der Hunnen zu schließen. Der jährliche Tribut wurde auf 700 Goldpfund verdoppelt. Ferner erklärte sich Byzanz bereit, den Hunnen die Abhaltung von Märkten in seinem Reich zu erlauben. Dort verwandelten die Reiterkrieger ihre Beute in klingende Münze. Darüber hinaus sollten die Byzantiner für jeden, der aus hunnischer Gefangenschaft ins byzantinische Reich geflohen war, in Kompensierung des erwarteten Lösegeldes eine Mindestzahlung leisten. Dass Ostrom in all diese Bedingungen einwilligte, zeugt von der Macht der Hunnen. Wie gefordert wurden schließlich auch die Verräter ausgeliefert. Sie erwartete ein grausames Schicksal. Nach der Darstellung des Attalus Priscius, der im Gefolge einer byzantinischen Gesandtschaft im Jahre 449 ins Hunnenreich reiste, ließ Attila hunnische Abtrünnige aus den führenden Familien kreuzigen.

Die gemeinsame Herrschaft Attilas und seines Bruders währte rund zehn Jahre. Doch zeigten sich erste Anzeichen des Verfalls. Im Jahre 444/445 verweigerte Byzanz die vereinbarte Tributzahlung. Die Beute aus siegreichen Schlachten fiel zugleich immer bescheidener aus. In dieser Situation ließ Attila seinen Bruder Bleda ermorden und regierte von nun an allein. Um seinen Forderungen gegenüber Byzanz Nachdruck zu verleihen, eröffnete der Hunnenkönig 447 den Krieg. Die hunnischen Krieger stießen bis zu den Thermopylen in Zentralgriechenland vor, wo der oströmische Heermeister Arnegisclus und viele seiner Männer fielen. Auf ihrem Weg in die entscheidende Schlacht hatten die Hunnen ganze Landstriche zwischen dem Schwarzen Meer und dem Mittelmeer verwüstet. Bei aller Überlegenheit reichte die hunnische Stärke aber nicht aus, um die Hauptstadt Byzanz zu erobern. Doch musste sich der oströmische Kaiser Theodosius II. († 450) geschlagen geben. Die Byzantiner schuldeten Attila nicht weniger als 6000 Goldpfund. Hinzu kamen der neu vereinbarte, zur Strafe erhöhte Tribut von 2100 Goldpfund sowie ausstehende Lösegeldzahlungen. Zusätzlich verlor Ostrom weitere Gebiete südlich der Donau an die Hunnen. Künftig kam Byzanz seinen Vertragsverpflichtungen nach.

Von den Zahlungen profitierte vor allem der Hunnenkönig selbst, den der oströmische Kaiser 449 pro forma zum Heermeister ernannt hatte. So ließ sich ein Teil des Geldes, das in Attilas eigene Schatulle floss, als reguläre Zahlung für geleistete Dienste darstellen.[29] Zu dieser Zeit suchte die oströmische Gesandtschaft, die der bereits erwähnte Attalus Priscius begleitete, den Hunnenkönig auf. Priscius ist wohl der einzige zeitgenössische Geschichtsschreiber, der Attila persönlich begegnet ist.[30] In seiner „Byzantinischen Geschichte", die leider nur als Fragment erhalten geblieben ist, schildert er seinen Aufenthalt bei den Hunnen und seine Begegnung mit deren König. Seinen Ausführungen zufolge gebärdete sich Attila als bescheidener Gastgeber. Ein Topos, den der Autor in der Folge weiter ausschmückt. Das prunkvolle Gastmahl wurde auf kostbarem Geschirr dargeboten. Doch der Hunnenkönig begnügte sich mit hölzernen Tellern und Bechern. Attilas äußere Erscheinung war nach Priscius' Worten ebenso bescheiden. Der Hunnenkönig habe ein fleckenlos reines Gewand getragen. Weder seine Sandalen, noch sein Schwertbehang oder Pferdegeschirr seien mit Gold oder Edelsteinen geschmückt gewesen. Verwundert äußert sich der Berichterstatter über die liebevolle Zuwendung des Herrschers zu dessen jüngstem Sohn Enak. Doch einer der Hunnen, der des Lateinischen mächtig war, habe ihm erklärt, dass ein Seher Attila den Untergang seines Geschlechtes und ein Fortbestehen in Enak prophezeit habe.

Leider macht der sonst so beredte Verfasser keine weiteren Angaben über das Aussehen Attilas. Der gotische Geschichtsschreiber Jordanes, dessen Werk allerdings erst ein Jahrhundert nach dem Ableben des Hunnenkönigs entstanden ist, beschreibt den Herrscher als einen dunkelhäutigen, kleinen Mann mit breiter Brust, flacher Nase, schmalen Augen sowie einem schütteren, grau gefleckten Bart. Diese klischeehafte Darstellung eines Hunnen lässt indes keine Rückschlüsse auf die wahre Gestalt Attilas zu.

Kurz nach dem Gesandtenbesuch bei den Hunnen eskalierte die Lage zwischen den Hunnen und Westrom. Honoria, die Schwester des weströmischen Kaisers Valentinian III. († 455), war selbst bei den Hunnen berühmt-berüchtigt für ihren ausschweifenden Lebenswandel. Als der Bruder ihr mit Strafen drohte, nutzte sie die Gunst der Umstände, um Attila heimlich einen Ring zukommen zu lassen – ein unmissverständliches Heiratsangebot, auf das der Hunnenkönig gerne einging. Attila, der sich nach seinem Sieg über Theodosius II. auf dem Gipfel seiner Macht angekommen sah, forderte als Mitgift nicht weniger als die Hälfte des weströmischen Reiches. In Ravenna dachte man freilich nicht daran, diesem unverschämten Ansinnen nachzukommen.

Als Theodosius im Jahre 450 starb und sein Nachfolger Marcian die Tributzahlungen an die Hunnen erneut einstellte, sah sich Attila in die Zange genommen. Der erwartete Kriegszug

Worms. Hagen-Denkmal.

Zeitgenössische Bildpostkarte des 1905 von dem Bildhauer Johannes Hirt geschaffenen Hagendenkmals in Worms am Rhein. Auf einem flachen Nachen stehend wirft Hagen von Tronje den Hort der Nibelungen in den Strom.

Der Ausschnitt aus dem im 15. Jahrhundert von Giacomo Jaquerio in der Burg von Manta gemalten Neun-Helden-Zyklus zeigt Karl den Großen mit wallendem weißen Bart und Wappenrock rechts neben König Artus.

Artus und seine Tafelrunde nehmen den Ritter Galahad in ihren Kreis auf. Die um 1400 entstandene Miniatur entstammt dem Werk „La quête du Saint Graal et la Mort d'Arthus" (dt.: Die Suche nach dem Heiligen Gral und der Tod des Artus) von Gautier de Moap. Die heute in der Pariser Bibliothèque Nationale aufbewahrte Bilderhandschrift ist einer von zahlreichen zu dieser Zeit verfassten Artus-Romanen.

Die berühmte Reiterstatuette von Metz wurde wahrscheinlich zur Krönung Karls des Kahlen zum König von Lotharingien um 869 gefertigt. Der Reiter in frän-kischer Tracht mit seinem runden Kopf, seiner markanten Nase und dem frän-kischen Schnurrbart gilt als idealtypische Darstellung Karls des Großen.

blieb nicht aus. Doch in Anbetracht der geringen Aussichten, Byzanz besiegen zu können, wandte sich der Herrscher 451 zum Zug nach Westen. Als Verbündete gesellten sich zahlreiche germanische Völkerschaften zu den Hunnen, sowie Ostgoten, Mainburgunder und Franken. Das Angriffsziel hieß Gallien. Auf den Katalaunischen Feldern, zwischen Troyes und Châlons-sur-Marne gelegen, begegneten sich die bunt zusammengewürfelten Heere Attilas und des weströmischen Heermeisters Aëtius. Ein Zufall beendete die verheerende Schlacht und rettete Attila das Leben. Als der westgotische König Theoderid von einem ostgotischen Speer getötet wurde, zog sich sein Sohn und Thronfolger Thorismund unverrichteter Dinge aus dem Kampf zurück, um seine Ansprüche in Toulouse zu verteidigen. Unentschieden endete also die Schlacht, die auf beiden Seiten zahllose Opfer gekostet hatte. Doch die Hunnen hatten den Mythos der Unbesiegbarkeit verloren. Zudem waren sie ungewohnter Weise ohne Beute ausgegangen. Der Versuch, sich 452 in Oberitalien schadlos zu halten, scheiterte ebenfalls. Eine Seuche dezimierte Attilas Männer. Im folgenden Jahr starb der Herrscher in einer seiner Hochzeitsnächte an einem Blutsturz. Nur wenige Monate später löste sich das mächtige Hunnenreich auf. Im Jahre 454 (oder 455) kam es am Fluss Nedao in Pannonien zu einer letzten Entscheidungsschlacht, in der die Gepiden und die mit ihnen verbündeten Völkerschaften die Söhne Attilas besiegten. Die Erinnerung an die Schlacht auf den Katalaunischen Feldern und ihre Folgen spiegelt sich bis heute im *Nibelungenlied* wider. Als ein weiteres zentrales Motiv findet sich das Beutegold der Völkerwanderungszeit in dem Epos: Der sagenhafte Hort der Nibelungen.

Das Rheingold

Kaum etwas beflügelt die menschliche Fantasie so sehr wie der Gedanke an schier unermessliche Schätze. Nicht umsonst ranken sich so zahlreiche Sagen und Legenden um glückliche Schatzfunde, verborgene Reichtümer und die abenteuerliche Suche danach. Zumindest manche dieser Erzählungen knüpfen an einen wahren Kern an. Dies scheint auch im Hinblick auf den Nibelungenhort im Rhein der Fall zu sein. Im *Nibelungenlied* heißt es hierzu:

> *„Da sagte Herr Gernot: ‚Bevor wir in Zukunft mit dem Gold belastet werden, sollten wir alles im Rhein versenken lassen, damit es niemals wieder einem Menschen gehört.'"* (Vers 1134).[31]

Kriemhild klagt nun vor ihrem Bruder Giselher, er solle der Beschützer ihres Lebens und ihres Besitzes sein. In dieser Situation nimmt die Erzählung einen unerwarteten Verlauf. Denn auf die flehentliche Bitte seiner Schwester antwortet Giselher: *„So sei es, sobald wir wieder zurückkommen; wir wollen jetzt ausreiten"* (Vers 1135). Ein Grund für den Ausritt wird indes nirgends genannt. Stattdessen ist im folgenden Vers zu erfahren, dass die Könige tatsächlich in Begleitung ihrer besten Gefolgsleute das Land verlassen. Hagen und die trauernde Kriemhild bleiben zurück. In Abwesenheit der Könige, bemächtigt sich Hagen des Schatzes und *„er sanct' in dâ ze Lôche allen in den Rîn"* (Vers 1137). Nach ihrer Rückkehr zürnen die königlichen Brüder Hagen von Tronje. Doch schon im nächsten Vers erfährt der Leser:

> *„Bevor Hagen von Tronje den Schatz versenkte, hatten sie mit Eiden fest besiegelt, dass der Ort verborgen bleiben sollte, solange einer von ihnen noch lebte. Später aber konnten sie den Schatz weder für sich noch für jemand anderen nutzen"* (Vers 1140).

Dies sind die wenigen Informationen, die der anonyme Verfasser des *Nibelungenliedes* über den Hort preiszugeben weiß. Der letzte Satz gibt dabei der Leserschaft zu verstehen, dass der Schatz noch immer in den Fluten des Stromes liege. Und er nennt den Ort des Verstecks: *ze Lôche.* Bis heute schießen die Spekulationen darüber ins Kraut, welche Stelle am Rhein mit dieser vagen Bezeichnung gemeint sein könnte.[32] Manche sind der Auffassung, „*zu Loche*" beziehe sich auf eine besonders tiefe Stelle im Rhein, etwa das Binger Loch. Andere deuten die Angabe aufgrund der Großschreibung als Hinweis auf das Dorf Lochheim, das im 13. Jahrhundert bei einer Überschwemmung in den Rheinfluten unterging.[33] Die Flurbezeichnung „Flocheim", was soviel bedeutet wie „uff Lochheim" in der Ortschaft Biebesheim weist bis heute auf dieses Ereignis hin. Zugleich zeigt sie, dass der Fluss seinen Lauf immer wieder änderte. Der Rhein, wie wir ihn heute sehen, hatte im Mittelalter ein anderes Gesicht. Doch so real der Schatz sein mag, so fruchtlos ist die Suche nach ihm an einem bestimmten Ort.

Besonders im Zusammenhang mit dem frühmittelalterlichen Hunneneinfall war im Vorangegangenen bereits mehrfach von reicher Beute und Tributzahlungen in Gold die Rede. Archäologische Funde in Gräberfeldern der Völkerwanderungszeit zeugen davon, wie viele „Schätze" an Schmuck, Gold und Edelsteinen in Umlauf waren. Einen Gipfel dürfte der Transport von Reichtümern kreuz und quer durch Europa mit der Plünderung Roms durch die Westgoten im Jahre 410 erreicht haben. Welche Reichtümer sie dabei erbeutet haben müssen, lässt sich nach der muslimischen Eroberung der westgotischen Hauptstadt Toledo erahnen. Angeblich fiel den berberischen und arabischen Eroberern aus Nordafrika dort der goldene, edelsteingeschmückte Tisch des Königs Salomon in die Hände. Ob

die von Titus im Jahre 70 nach Christus geraubten Tempel-
schätze, die dessen Triumphbogen in Rom noch heute zeigt,
tatsächlich noch im frühen Mittelalter existierten, sei dahinge-
stellt.[34] Fest steht, dass die wandernden Germanenstämme
eine große Menge an Schmuckstücken, Edelmetallen und
sonstigen Wertobjekten im untergehenden Imperium Romanum zusammenrafften. Flüsse wie der Rhein stellten für den
Transport der Beutegüter ein natürliches Hindernis dar. Brü-
cken gab es nur wenige. Zudem lagen sie weit entfernt voneinander. Deshalb querten die germanischen Stämme das Wasser
auf Flößen. Dass dabei immer wieder kostbare Ladung verloren ging, beweist unter anderem der sogenannte Hortfund von
Neuportz in Rheinland-Pfalz.[35] Anfang der 1980er Jahre för-
derte dort eine Baggerschaufel zufällig einen Schatz aus der
Mitte des 3. Jahrhunderts zutage. In spätrömischer Zeit, um
259 n. Chr., waren mehr als 1000 Beutestücke bei einer Über-
querung des Rheins in den Fluten versunken. Die Funde sprechen dafür, dass die Germanen nicht eben pfleglich mit den
geraubten Kostbarkeiten umgingen. Schmuckstücke wurden
mitunter achtlos zerhackt. Zusammen mit anderen Schätzen
aus dem Rhein wurde der Hortfund unlängst im Historischen
Museum der Pfalz in Speyer wie auch im Römischen Museum
in Augsburg gezeigt.

Die Archäologen gehen heute davon aus, dass es sich bei
diesen Zufallsfunden um die Spitze eines Eisberges handelt und
die trüben Wasser des Flusses noch weit mehr Gold bergen. Der
Nibelungenhort steht stellvertretend für all die Schätze, die in
spätrömischer Zeit und während der Völkerwanderung im
Rhein verloren gingen. Der schmerzliche Verlust des Raubgutes
blieb zweifelsohne in Erinnerung. In der mündlichen Erzähltradition der germanischen Völkerschaften dürfte der Stoff seinen
festen Platz gehabt haben. Ähnliche Geschichten von verschie-

denen Orten über versunkenes Gold verschmolzen im Laufe der Zeit schließlich zu einer einzigen, die im *Nibelungenlied* ihren schriftlichen Niederschlag fand.

Genährt wurde die Erinnerung an das legendäre Rheingold auch durch die mehr oder weniger großen Körnchen Edelmetalls, die die Goldwäscher aus dem Fluss gewannen. Zur Zeit der Abfassung des *Nibelungenliedes* um 1200 hatte das altehrwürdige Kloster Lorsch das Regal für die Goldwäsche in Lochheim inne[36] – eben jenem Ort, der als einer der möglichen Plätze für die Versenkung des Nibelungenhorts gilt. Doch dieses Gold ist verflucht. Mehrfach betont das *Nibelungenlied*, dass keiner es besitzen sollte. Denn an dem Schatz klebt Blut. Der laut Goethes *Faust* „besondere Saft" geleitet uns abschließend zum nächsten berühmten Motiv des *Nibelungenliedes*, Siegfrieds Kampf mit dem Drachen und dem Bad in dessen Blut.

Siegfried, der Drachentöter

Obwohl das *Nibelungenlied* dem Kampf mit dem Lindwurm gerade einmal einen Vers widmet (Vers 100), ist das Bild des Drachentöters untrennbar mit der Gestalt Siegfrieds verknüpft. Gehören Fabelwesen wie Drachen oder Einhörner heute für uns in die Welt von Harry Potter und der *Unendlichen Geschichte*, so waren mittelalterliche Zeitgenossen von deren realer Existenz durchaus überzeugt.[37] Eine Grundlage für spätere Beschreibungen von Drachen bildete die im 1. Jahrhundert verfasste *Historia Naturalis* Plinius' des Älteren († 79 n. Chr.), die in der Folgezeit mit weiteren Elementen angereichert wurde. In der Gelehrtentradition des Mittelalters galt der Drache als eines der größten Tiere auf Erden. Isidor von Sevilla (um 570–636) weist in seinen im 7. Jahrhundert entstandenen *Etymologiae* darauf hin, dass selbst ein Elefant mit seinem mächtigen Körper nicht vor einem Drachen sicher sei. So verstecke sich das Untier in der Nähe der Pfade, die die Elefanten für gewöhnlich benutzten, fessele die Beine der Dickhäuter mit Knoten und erwürge sie dann.[38] Auch die im 12. Jahrhundert wirkende Hildegard von Bingen (1098–1179) zweifelte nicht an der Existenz von Drachen. Sie verweist in ihrem Werk darauf, der Atem des Untiers sei *„so stark und scharf"*, dass er sich wie Feuer entzünden könne.[39] Wie man sich Drachen ungefähr zur Zeit der Abfassung des *Nibelungenliedes* vorstellte, zeigt die detaillierte Beschreibung im Werk des Jakob von Vitry (1160/70–1240). Der Bischof der levantinischen Hafenstadt Akko und spätere Kardinal schreibt in seiner *Historia orientalis*, die Drachen seien die größten unter allen Schlangen und Bestien, die in Höhlen lebten, in der Luft flögen und diese verpesteten.[40] Seinen Ausführungen zufolge schlängele sich der Drache auf seinem Bauch, weil er keine Füße besitze. Das Drachenhaupt habe einen Kamm. Das Maul des Untiers sei klein, sein Hals eng, seine Zunge gespalten. Wie Hildegard von Bingen ist auch Jakob von Vitry überzeugt davon, dass ein Drachen Feuer speien kann. Doch mehr noch, schon *„sein böser Atem bringt den Tod"*. Eigentlich aber töte er seine Opfer mit dem Schwanz. Den weiteren Ausführungen des Bischofs von Akko ist zu entnehmen, dass sich im Hirn der Bestie ein Stein namens *dragontias* befinde. Der Kleriker Konrad von Megenberg (um 1309–1374) schließlich, der um die Mitte des 14. Jahrhunderts erstmals ein naturkundliches Werk in deutscher Sprache verfasste, widmet sich noch ausführlicher den Drachen und ihren Schrecken.[41] Er benennt vor allem den „Orient" als Lebensraum der Untiere, namentlich Indien, Nubien und Äthiopien. Dort hausten sie aufgrund der glühenden Sonne wie auch der Hitze ihrer eigenen Körper in kühlen Berghöhlen.

Konrad berichtet weiter, die Bestien würden rund zwanzig Ellen lang, was umgerechnet etwa einer Größe von 8 Metern entspricht. Auch er weiß von dem geheimnisvollen Stein im Drachenhirn, der als ein hervorragendes Mittel gegen Gift wirke, sofern er aus dem Schädel des lebendigen Tieres entfernt werde. Anderen Körperteilen des Drachen schrieb man ebenso Heilwirkung zu. So sollte gemäß der Schilderungen Vinzenz' von Beauvais und Konrads von Megenberg in Wein gekochte Drachenzunge und -galle als Salbe aufgetragen gegen quälende Dämonen helfen.[42]

All diese Beschreibungen wurzeln in der christlichen Tradition, in der der Drache als Symbol für den Teufel, das Gottlose und Böse schlechthin steht.[43] Er erscheint gewissermaßen als Gleichsetzung der Schlange, die untrennbar mit der Vertreibung aus dem Paradies verbunden ist. Der Drachentöter Siegfried kann somit als Held gedeutet werden, der die christliche Sache gegen das Böse verteidigt. Groß ist die Zahl der Heiligen, die das Böse in Gestalt eines Drachen oder schlangenartigen Lindwurms töten.[44] Bildnisse und Figuren des heiligen Georg beispielsweise, der mit seinem Schwert dem Untier den Garaus macht, finden sich an vielerlei Orten. Der Erzengel Michael, der mit seiner Lanze auf den Teufel – oder eben wahlweise einen Lindwurm – einsticht, erscheint alljährlich an seinem Festtag im September als bewegliche Figur beim sogenannten „Turamichele" in einem Fenster des Augsburger Perlachturms. Unter dem Jubel der Zuschauer versetzt er dem am Boden liegenden Teufel den Todesstoß. Andere Darstellungen des heiligen Michael zeigen diesen allerdings mit einem Schwert in der Hand. Die heilige Margaretha schließlich, die Schutzpatronin der Gebärenden, vermochte sich der hagiografischen Überlieferung zufolge durch das Schlagen eines Kreuzeichens aus dem Magen eines Drachen zu befreien, der sie zuvor verschluckt hatte. Das Untier zerplatzte.

Doch zwischen diesen Heiligen und Siegfried gibt es einen grundlegenden Unterschied. Die heidnisch geprägten, literarischen Vorbilder aus dem Norden Europas treten an dieser Stelle deutlich zutage. Der Held des *Nibelungenliedes* tötet den Drachen nicht nur, er badet in dessen Blut, um unverwundbar zu werden. *Sanguis draconis*, Drachenblut, fand in der mittelalterlichen Medizin Verwendung und taucht entsprechend in den Rezeptarien auf. Allerdings handelt es sich dabei nicht um den Lebenssaft getöteter Untiere, sondern um das rote Harz des Drachenbaumes. Dieses war auch als Farbstoff sehr begehrt. Von einem Bad im Blut getöteter Drachen berichtet indes keiner der mittelalterlichen Gelehrten. Hagen von Tronje weiß im *Nibelungenlied* hingegen zu erzählen, dass der Drachentöter Siegfried eben dadurch eine Hornhaut bekommen habe. Mit dem Bad im Blut des Lindwurms sind demnach Eigenschaften des Ungeheuers auf den Helden übergegangen. In der christlichen Interpretation kam diese Tat einem Teufelspakt gleich. Dem anonymen Verfasser des *Nibelungenliedes* war die theologische Deutung zweifelsohne bekannt. Immerhin wirkte er im Umfeld des Passauer Bischofshofes. Auf der Fährte des Drachen gelangen wir nun zu einem weiteren sagenhaften Herrscher der dunklen Jahrhunderte.

KÖNIG ARTUS UND DIE RITTER DER TAFELRUNDE

Das Schwert im Stein

Ein geflügelter roter Lindwurm mit geschlängeltem Schwanz ziert den Wappenschild von König Artus' „Pendragon", zumindest in der Fantasie des Comic-Zeichners Hal Foster, dessen Geschichten um *Prinz Eisenherz* seit der Mitte der 1950er Jahre eine große Zahl an Lesern gefunden haben und mehrfach verfilmt wurden. Auch die Krone seines Artus schmückte Foster mit einem hockenden, zum Sprung bereiten Drachen. Auf den Britischen Inseln, wo die Erinnerung an den legendären Herrscher naturgemäß in besonderem Maße weiterlebt, ist das königliche Wappentier bis heute im Alltag präsent. Ein roter Drache prangt auf dem Banner von Wales, dem mutmaßlichen Ort von Artus' Wirken.[1] In den Bildergeschichten Hal Fosters erscheint der König mit dem wallenden weißen Haar als weiser und gütiger Herrscher des prächtigen Hofes Camelot, wo man ein weitgehend sorgenfreies Leben führt. Zerstreuung finden die Ritter im Turnier. Ergänzt wird dieses populäre Bild des legendären Artus durch eine Reihe amerikanischer Spielfilmproduktionen sowie die für einen modernen Leserkreis stark überarbeiteten mittelalterlichen Erzählstoffe über die Ritter der

Tafelrunde und ihre Suche nach dem Heiligen Gral. Daneben prägen fantasievolle Romane wie Marion Zimmer Bradleys *Die Nebel von Avalon* heutige Artus-Vorstellungen. Schwingen darin eventuell noch vage Gedanken an das Schwert Excalibur mit, das allein Artus als der rechtmäßige König Englands aus dem Stein zu ziehen vermochte, so ist doch das Bild eines nun nicht mehr am eigentlichen Geschehen beteiligten Herrschers dominant. Es sind vielmehr die Ritter der Tafelrunde, die allerlei Abenteuer bestehen, zur Gralssuche aufbrechen und dem König von ihren Erlebnissen berichten. Durch die Taten Lancelots, Erecs, Yvains oder Percevals wird der ursprüngliche Held Artus beinahe zur Randfigur. Zudem ist der Artus heute gängiger Vorstellungen aus seinem Zeitrahmen gefallen. Vor unserem geistigen Auge hat er im Kreise der illustren Recken seiner Tafelrunde zumeist die Gestalt eines hochmittelalterlichen Kreuzfahrers angenommen und ist damit seinem tatsächlichen Umfeld um mehr als 600 Jahre entrückt. Um diese Entwicklung zurückzuverfolgen und nach dem historischen Artus sowie nach den Ursprüngen zentraler Erzählmotive des großen Legendenkreises um den König zu fragen, wollen wir zunächst noch einmal in aller Kürze die Haupthandlung dieser Geschichten in ihrer heute bekanntesten Version ins Gedächtnis rufen.

Von Tintagel nach Avalon

Die Artussage beginnt mit den düsteren Umständen der Zeugung und Geburt des legendären Herrschers. Einst, so heißt es, herrschte über England ein König namens Uter Pendragon. Dieser verzehrte sich vor Verlangen nach der Gemahlin des Herzogs von Cornwall. Deshalb ersuchte er den Zauberer Merlin um Hilfe. Durch das magische Einwirken Merlins traf der Herzog bei einem Ritt durch den Wald auf einen alten Feind, der ihn zum Zweikampf forderte und tötete. Heimlich wurde die Leiche in einer einsamen Gegend verscharrt. Zur gleichen Zeit führte Merlin den vor Begehren blinden Uter vor die herzogliche Burg Tintagel. Durch einen Zauberspruch brach er ihre unüberwindlichen, von Riesen erbauten Mauern und die Tore öffneten sich. Unerkannt konnte Uter die Burg betreten, denn der mächtige Zauberer hatte seinen Körper und seine Seele vollkommen in die des Herzogs von Cornwall verwandelt. Währenddessen suchte man überall nach dem König. Bald kursierte das Gerücht, Wassergeister hätten ihn in ihr unterirdisches Reich entführt. Derweil lebte dieser in anderer Gestalt glücklich an der Seite der schönen Herzogin. Doch Merlin hatte einen hohen Preis für seine Dienste gefordert. Sollte aus der Verbindung ein Sohn hervorgehen, verlangte er diesen für sich. Die Herzogin gebar tatsächlich bald einen Knaben, der auf den Namen Artus getauft wurde. Wie vereinbart wurde dieser wenige Tage nach seiner Geburt heimlich an der Hinterpforte der Burg in Merlins Obhut übergeben. Kurz darauf starben Uter und die Herzogin.

Der Zauberer brachte das Kind zu dem Ritter Hector, der mit seiner Frau und seinem Sohn Kay auf einer Burg unweit von London lebte. Dort lernte der heranwachsende Artus den Gebrauch der Waffen und wurde in den ritterlichen Tugenden unterwiesen. Seine Herkunft blieb ihm allerdings verborgen. Bald erschütterten blutige Kämpfe um den Thron das Königreich England. Um den Wirren ein Ende zu bereiten, lud der Erzbischof von Canterbury auf Anraten Merlins alle Grafen und Barone des Reiches zur Wahl eines neuen Königs am Weihnachtsfest nach London. Zu den Geladenen gehörte auch Sir Hector. Artus drängte darauf, ihn gleich dem älteren Kay auf der Reise begleiten zu dürfen. Daraufhin berichtete ihm Hector schweren Herzens, dass er nicht sein wahrer Sohn sei und dass Merlin ihn einst in seine Burg gebracht habe. Niemand von zweifelhafter Geburt dürfe jedoch an der Versammlung teilnehmen. Ohne Artus brachen Hector und Kay nun nach London auf. Alle geladenen Ritter versammelten sich um Mitternacht zum Gebet. Als sie das Gotteshaus im Morgengrauen verließen, fanden sie einen Stein (anderen Varianten zufolge einen Amboss) vor, in dem ein Schwert steckte. Eine darauf befindliche Inschrift besagte, dass derjenige König von England sein solle, dem es gelänge, das Schwert herauszuziehen. Reihum versuchten die Anwesenden vergeblich ihr Glück. Die Klinge bewegte sich keinen Millimeter. Angesichts dessen wurde beschlossen, am Dreikönigstag noch einmal zusammenzukommen.

An Neujahr wurde in London ein großes Turnier veranstaltet. Dieses Mal durfte Artus Sir Hector und seinen „Bruder" Kay begleiten. In der Stadt angekommen, stellte Kay fest, dass er ohne sein Schwert aufgebrochen war. Deshalb bat er Artus, zur nahe gelegenen Burg zurückzureiten, um die Waffe zu holen. Das Burgtor war jedoch verschlossen, weil Sir Hectors Frau und die gesamte Dienerschaft sich ebenfalls auf den Weg zum Turnierplatz gemacht hatten. Artus blieb nichts anderes übrig, als mit leeren Händen zu Kay zurückzukehren. Doch unterwegs kam er an dem Ort vorbei, wo das Schwert im Stein steckte. Erfreut, einen würdigen Ersatz gefunden zu haben, zog Artus am Schwertknauf. Augenblicklich glitt die Klinge aus dem Felsblock. Eilig begab er sich mit dem Schwert zum Turnierplatz und reichte es Kay. Mit großem Erstaunen erkannten die Anwesenden die einzigartige Waffe. Umgehend geleitete die Turniergesellschaft Artus zurück zum Stein. Der Spalt, aus dem er das Schwert gezogen hatte, war nicht mehr sichtbar. Dennoch stieß

Artus ohne zu zögern die Klinge tief in den Fels und zog sie ebenso leicht wieder heraus. Da sprach Sir Hector: „Du bist der König von England." Augenblicklich fielen die Umstehenden vor Artus auf die Knie und bezeugten ihm königliche Ehren.

Im Zuge der anschließenden Ordnung seines Reiches erhielt der junge König auf Vermittlung Merlins die passende Scheide für sein magisches Schwert *Excalibur* durch die Jungfrau vom See. Der Schwertgurt verlieh *Excalibur* nicht nur seine besondere Schlagkraft, sondern machte seinen Träger gleichsam unverwundbar. Der wunderbaren Waffe wird bis zum Tode des Herrschers eine besondere Rolle zuteil. Zunächst führte sie zum Sieg in den Schlachten, die Artus am Beginn seiner Herrschaft gegen die Machtansprüche seiner Feinde schlagen musste. Aus den bewaffneten Konflikten erwuchsen die Grundlagen des Hofes in Camelot mit seiner Tafelrunde. Als erster der Helden stieß dabei Gawain, der Sohn des Königs der Orkney Inseln, zu Artus. Zur gleichen Zeit machte Artus während eines Siegesmahles die schicksalhafte Bekanntschaft seiner Gemahlin Guinevre/Ginevra, die ihn einst mit dem Ritter Lancelot hintergehen sollte.

Einige Jahre später forderten Abgesandte des römischen Kaisers Lucius Tribut von Artus. Sie beriefen sich dabei auf eine althergebrachte Sitte aus den Zeiten Julius Cäsars. Empört rüstete der König zum Kriegszug. Unterwegs schaute er ein Traumgesicht. Er sah einen Drachen aus dem Westen kommen, der einen gewaltigen Eber aus dem Osten im Kampf besiegte. Merlin deutete ihm den Traum. Artus sei der siegreiche Drache, der römische Kaiser in der Gestalt des Ebers der Tyrann, der sein Volk quäle. Die positive Bewertung des Drachen an dieser Stelle zeugt vom Einfluss heidnischer Traditionen auf die Artuserzählung. Erst das alte Testament und die anknüpfende christliche

Lehre verwandeln das Fabelwesen in ein Untier. So zog der König weiter gen Italien. In einem Zweikampf auf Leben und Tod gelang es ihm, einen Menschen fressenden Riesen zu töten. Anschließend siegte er über das Heer des Lucius.

An dieser Stelle rückt der Sagenkreis Artus zunächst einmal an den Rand und die nun von Merlin eingesetzte Tafelrunde in den Mittelpunkt der Erzählung. Es folgen die Berichte von den Heldentaten ihrer herausragenden Ritter. Erwähnt sei hier als ein zentrales Erzählmotiv nur die Suche nach dem Heiligen Gral – jenem Gefäß, aus dem Jesus der Überlieferung zufolge trank und in dem das Blut des Gekreuzigten aufgefangen wurde. Nachdem die Ritter der Tafelrunde zahlreiche Abenteuer bei der Gralssuche bestanden und sich deren Reihen durch den Tod einiger der wackeren Recken bereits gelichtet hatten, tritt gegen Ende der Sage wieder das Schicksal Artus' in den Vordergrund. Mordred, sein Sohn, trachtete nach dem Thron. In der entscheidenden Schlacht standen sich Vater und Sohn gegenüber. Artus tötete Mordred und blieb selbst schwer verwundet auf dem Schlachtfeld zurück. Schließlich fand Lancelot den sterbenden König. Artus bat ihn, das magische Schwert mitsamt der Scheide wieder im See der Jungfrau zu versenken. Dieser tat wie ihm geheißen wurde. Daraufhin ersuchte ihn der Herrscher, er möge ihn zum Meer tragen. Dort wartete bereits eine schwarze Barke, in der schwarz gekleidete Frauen saßen. Kapuzen verdeckten ihre Gesichter. Nur eine der edlen Frauen zeigte ihr Antlitz. Es war die Königin eines fernen Reiches, das Artus in seinen Träumen gesehen hatte. Der Verwundete legte seinen Kopf in ihren Schoß, dann entfernte sich das Boot vom Ufer. Lancelot rief seinen König noch einmal an und fragte ihn, wohin seine Reise gehe. Artus antwortete, er fahre in das wundersame Land Avalon, wo er von seinen Wunden genesen werde. So endet die Artussage mit dem Hinweis auf die Unsterblichkeit des entrück-

ten Herrschers und begründete den bis ins 19. Jahrhundert im
Norden Englands verbreiteten Glauben an dessen einstige Wiederkehr.[2]

Artus ohne Tafelrunde

Um sich dem historischen Artus anzunähern und zu den
Ursprüngen der Überlieferung zurückzukehren, muss dieser im
Laufe der Jahrhunderte gewachsene Sagenstoff Schicht um
Schicht abgetragen werden. Der legendäre Herrscher muss
sozusagen wieder von der Tafelrunde befreit werden, zu dessen
Haupt ihn die literarische Tradition des Mittelalters gemacht
hat. In dem um 1470 von Sir Thomas Malory verfassten Werk *Le
Morte Darthur* tritt uns bereits die gesammelte Fülle der heute
so bekannten Erzählmotive entgegen.[3] Der König und seine
Ritter tragen in diesem Werk schon spätmittelalterliche Züge.
Die dargestellten Turniere und Festmähler sind ein Abbild von
Malorys eigener Lebenswelt am Ende des 15. Jahrhunderts. Das
Bild von Camelot entsprach einer Mode der Zeit, in der man
sich auf althergebrachte Tugenden besann und diese in das zeitgenössische Ambiente einbettete. Niemand zweifelte an der
Existenz eines Königs namens Artus, der einst über England
geherrscht hatte. So stellte schon Jacques von Longuyon in seinem 1312/13 abgefassten Werk *Le Vœux du Paon* Artus in eine
Reihe von neun Kriegshelden, drei heidnischen, drei jüdischen
und drei christlichen. Der legendäre Herrscher steht Schulter
an Schulter mit Karl dem Großen und Gottfried von Bouillon,
einem der Anführer des ersten Kreuzzuges und Eroberer Jerusalems im Jahre 1099. Heute kaum mehr bekannt, war Longuyons Roman zu Beginn des 14. Jahrhunderts eine Art mittelalter-

licher Bestseller. Aus dem Französischen in viele Sprachen übersetzt, fand besonders das Motiv der neun Helden großen Anklang.

Von der Literatur war es nur ein kurzer Weg zur bildenden Kunst. Davon zeugen noch heute die Wandmalereien in der Galerie des Sommerhauses von Burg Runkelstein bei Bozen in Südtirol.[4] Die durch Romane wie den Longuyons beflügelte Artus-Begeisterung kannte kaum Grenzen. In Nacheiferung literarischer Vorbilder wurden auf dem Kontinent Artusgesellschaften ins Leben gerufen, die Artusfeste mit Turnieren veranstalteten. Tonangebend waren dabei die Hansestädte und Flandern, wo die „geradezu groteske Umsetzung eines literarischen Entwurfs in die Wirklichkeit" inszeniert wurde.[5] Hierzu zählt auch die Einrichtung konkreter Rittergemeinschaften nach dem Vorbild der Tafelrunde, wovon an anderer Stelle noch die Rede sein wird.

Maßgeblichen Anteil an dieser Entwicklung hatte der in der zweiten Hälfte des 12. Jahrhunderts wirkende Chrétien de Troyes (um 1140 – um 1190). Er gehört zu den kontinentalen Autoren, die weitere Erzählstoffe mit der Artussage verbanden. In seinen zwischen 1165 und 1190 verfassten Werken *Erec, Cligès, Lancelot, Yvain* sowie *Perceval* begründete er die französische Artustradition und führte sie gleichsam zum Höhepunkt. Chrétiens Schaffenszeit fällt mit den Kreuzzügen in den Vorderen Orient zusammen. Im Juli des Jahres 1099 hatten die Kreuzfahrer Jerusalem erobert. Gottfried von Bouillon übernahm als „Verteidiger des Heiligen Grabes" (*advocatus Sancti Sepulchri*) die Herrschaft über das Lateinische Königreich Jerusalem. Den Titel eines Königs mochte er in der Stadt, in der Christus einst die Dornenkrone getragen hatte, nicht annehmen. Doch der lateinischen Herrschaft über Jerusalem war nur eine kurze

Dauer beschieden. Auf einem kahlen Hügel in Galiläa, den sogenannten Hörnern von Hattin, musste sich das Kreuzfahrerheer
den Muslimen unter Führung des Sultans Saladin im Sommer
des Jahres 1187 geschlagen geben. Kurz darauf wehte wieder
das grüne Banner des Propheten auf den Zinnen der heiligen
Stadt.

Die muslimische Rückeroberung Jerusalems bildete den
Anlass für den päpstlichen Aufruf zum dritten Kreuzzug, angeführt vom deutschen Kaiser Friedrich Barbarossa, dem französischen König Philipp II. August sowie dem englischen König
Richard Löwenherz. Zu eben jener Zeit entstand Chrétiens letzter, unvollendet gebliebener Roman vom gralssuchenden Ritter
Perceval. Es sind die idealisierten Bilder der Kreuzfahrer die in
seine Werke einflossen und dazu führten, König Artus schließlich zu einem tugendreichen Vorbild des Rittertums im Kreise
seiner Tafelrunde zu verwandeln. Chrétiens Erzählungen fielen
auf fruchtbaren Boden. Auch im Deutschen Reich fanden sie
breiten Widerhall. Mit seiner Übertragung der Ritterepen *Erec*
und *Iwein* führte Hartmann von Aue an der Wende zum 13. Jahrhundert den Artusstoff in die mittelhochdeutsche Literatur ein.
Etwa um die gleiche Zeit verfasste der als Jurist oder Kleriker
tätige Gottfried von Straßburg († um 1220) sein unvollendetes
Versepos *Tristan und Isolt*. Das Werk eines dritten Zeitgenossen
schließlich avancierte zum wohl meistgelesenen deutschen
Versroman des Mittelalters: Der nach der Vorlage Chrétiens de
Troyes gestaltete, um 1200 verfasste *Parzival* des Wolfram von
Eschenbach (um 1170/80 – um 1220).

Wurde mit all diesen Werken das Artusbild als das eines
ebenso idealen wie weitgehend passiven Herrschers im Kreise
seiner heldenhaften Ritter zwischen der zweiten Hälfte des 12.
und dem Beginn des 14. Jahrhunderts zementiert, so bedurfte
es für diese Entwicklung eines Fundaments. Wir sind nun auf

unserer Zeitreise zurück zu den Ursprüngen der Legendentradition an dem Punkt angelangt, an dem sich die Trennung des fiktiven vom historischen Artus vollzog. Verantwortlich hierfür zeichnet die im Jahre 1136 abgeschlossene *Historia Regum Britanniae*, die „Geschichte der Könige Britanniens" aus der Feder des Geoffrey von Monmouth († 1155).[6]

Obwohl im walisischen Monmouth geboren, stammte Geoffrey aus einer britischen Familie und stand – siebzig Jahre nach der Eroberung Englands durch die Normannen – in enger Verbindung zur normannischen Herrscherschicht.[7] Über mehr als zwei Jahrzehnte, zwischen 1129 und 1152, lässt er sich urkundlich in Oxford nachweisen. Wahrscheinlich wirkte er an einer der von Klöstern getragenen Schulen, aus denen später die berühmte Universität entstehen sollte. Im Jahre 1152 wurde Geoffrey zum Priester geweiht und kurz darauf zum Bischof von St. Asalph ernannt. Ziel Geoffreys von Monmouth war es, mit seinem Werk gleichsam identitätsstiftend eine Lücke zu füllen.[8] Irgendwann in den 1130er Jahren kam es ihm seinen eigenen Worten zufolge befremdlich vor, dass so wenig über die frühen Könige Englands geschrieben worden war, *„insbesondere über Artus und die anderen, die ihm seit der Fleischwerdung Christi gefolgt sind"*. Für die Geschichte des frühmittelalterlichen Inselreiches ragten zu dieser Zeit das – heutigen Lesern konfus erscheinende – Werk des heiligen Gildas aus der Mitte des 6. Jahrhunderts unter dem Titel *De Excidio Britanniae* („Über den Auszug aus Britannien") sowie die große *Historia Ecclesiastica Gentis Anglorum* („Kirchengeschichte des englischen Volkes") des Beda Venerabilis (673/74–735) aus der an Schriftzeugnissen armen Überlieferung hervor.[9] Walter, Erzdiakon von Oxford, zeigte dem an der frühen Geschichte Britanniens interessierten Geoffrey, wie er selbst schreibt, aber ein weiteres, sehr altes Buch in britischer – das heißt im

übertragenen Sinne in bretonischer oder walisischer – Sprache.
Dieses habe in chronologischer Folge über die Taten von neun-
undneunzig Königen Britanniens berichtet. Als erster Herrscher
sei dort Brutus, als letzter Cadwallader, Sohn des Cadwallo,
genannt. Wahrscheinlich hat es dieses Buch aber nie gegeben.[10]
Geoffrey von Monmouth bediente sich dieser Erfindung, um die
Glaubwürdigkeit seines Werkes zu bekräftigen. Er behauptet
sogar, dass es sich bei der unter seinem Namen erschienen *Historia Regum Britanniae* lediglich um eine Übersetzung dieses
„sehr alten Buches" ins Lateinische handelt. Im Mittelpunkt des
Werkes steht König Artus. Die *Historia*, in die der Verfasser mit
den *Prophetiae Merlini* („Prophezeiungen Merlins") und der
Vita Merlini zwei weitere Schriften aus eigener Feder einflocht,
hatte schon wenige Jahre nach ihrer Abfassung ein großes Publikum gefunden, wovon die zahlreich erhaltenen Abschriften
zeugen. Rund 50 der insgesamt über 200 Manuskripte stammen
aus dem 12. Jahrhundert. Der Geschichtsschreiber Heinrich
von Huntigdon, der im Jahre 1139 erstmals eine Kopie der *Historia* zu Gesicht bekam, lobte ihren Autor in den höchsten
Tönen.[11] Beißenden Spott erntete das Werk Geoffreys von Monmouth allerdings rund 60 Jahre nach seinem Erscheinen in der
Historia Regum Anglicarum („Geschichte der englischen
Könige") des William von Newburgh. Geoffreys Beweggründe
für die Abfassung des Werkes, so heißt es darin, entsprängen
entweder einer unkontrollierten Leidenschaft für Lügen oder
dem Wunsch, den Briten zu gefallen. Und obwohl sich Geoffrey
für seine *Historia* gewiss der älteren lateinischen Chroniken des
Gildas, des Beda Venerabilis, des Nennius sowie dem Werk seines Zeitgenossen William von Malmesbury bediente, spiegeln
sich in ihr tatsächlich weit weniger historische Ereignisse denn
vielmehr die blühende Fantasie des Autors. Diese hatte angesichts der Rivalitäten zwischen England, zu dessen Herrschafts-

bereich zu dieser Zeit die Normandie als Stammlande der Könige zählte, und Frankreich durchaus eine politische Dimension. Immerhin führte die *Historia* durch die Gestalt des Königs Artus aller Welt die Überlegenheit Britanniens vor Augen.[12] Artus wird bewusst zum Vorbild der normannischen Könige und Gegenpart des kontinentalen Kaisers, Karls des Großen. Zugleich sollte die Beschwörung der großen Vergangenheit eines unter zentraler Herrschergewalt geeinten Volkes von den eigenen Zeitgenossen als Leitbild angesichts der Konflikte nach dem Tod König Heinrichs I. wahrgenommen werden.[13]

Der Inhalt der *Historia* lässt sich kurz zusammenfassen. Die Schilderung von Schlachten der Briten untereinander und gegen andere Völkerschaften zieht sich wie ein blutroter Faden durch Geoffreys fiktive Geschichte der britischen Könige. Den Namen „Britannien" leitet der Autor von dem Römer Brutus ab, den er zum Ahnherrn der Briten stilisiert. Nach seiner Vertreibung aus Rom begab sich dieser den weiteren Ausführungen zufolge zunächst nach Griechenland. Dort sammelte er einige Trojaner um sich, die ihn über Gallien bis auf die Britischen Inseln begleiteten. Es folgen Jahrhunderte blutiger Auseinandersetzungen, an deren Ende Artus die Herrschaft über Britannien sowie die benachbarten Inseln erringt und sich auch noch Island, Dänemark, Norwegen und Gallien Untertan macht. Nun sieht sich der siegreiche König den Tributforderungen des römischen Kaisers Lucius gegenüber, der den widerspenstigen Artus mit seinen Legionen durch einen Einmarsch in Britannien zu bändigen sucht. Sobald dieser von den Eroberungsplänen erfährt, betraut er Mordred – in dieser Version sein Neffe – mit der Herrschaft und setzt mit einem Heer auf den Kontinent über. Am Mont Saint-Michel, vor der Küste der Normandie gelegen, erschlägt Artus zunächst einen Riesen. Dann trifft er in Gallien auf die römischen Truppen, mit denen sich seine Getreuen blutige Kämpfe liefern. Schließlich gelingt es dem König, Lucius zu besiegen und zu töten. Inzwischen hat in Britannien der als Stellvertreter auf dem Thron zurückgelassene Mordred die Macht wie auch die königliche Gemahlin Guinevre an sich gerissen. Eilends überquert nun Artus den Ärmelkanal. Bei Winchester stellt er den Usurpator und seine Anhänger, doch Mordred kann fliehen. Der König nimmt die Verfolgung auf. Nun kommt es zum Entscheidungskampf, den viele Ritter auf beiden Seiten mit dem Leben bezahlen. Artus selbst versetzt seinem verräterischen Neffen den Todesstoß. Doch auch er selbst bleibt tödlich verwundet auf dem Schlachtfeld. Von dort wird er schließlich nach Avalon gebracht, um Heilung zu finden.

Die Suche nach dem historischen Kern des Königs Artus führte uns bislang nicht in die Geschichte, sondern in die Fantasie eines mittelalterlichen Autors. Hier liegen also die Wurzeln des Stoffs – einschließlich der Vorstellung von einem Weiterleben des Königs im geheimnisvollen Avalon –, den die Generation der auf Geoffrey folgenden Verfasser dankbar aufgriff und weiterspann. Durch Übersetzungen ins Französische, Mittelenglische und Walisische erfuhr die *Historia Regum Britanniae* nur wenige Jahre nach Vollendung der lateinischen Urfassung auch außerhalb von Gelehrtenkreisen weite Verbreitung. Wie zu Beginn dieser Reise zu den Ursprüngen des historischen Artus gesehen, erfüllten sich die Worte, die Geoffrey von Monmouth in seinen „Prophezeiungen Merlins" dem Zauberer in den Mund legte, dass nämlich die Taten König Artus' den Geschichtenerzählern stets genügend Nahrung bescheren würden.[14] Geoffrey von Monmouth schuf seinen Artus als fiktive Gestalt und bettete sie in eine historische Erzählung. Wie aber, so stellt sich nun die Frage, kam Geoffrey von Monmouth überhaupt auf seinen König Artus? Hat die Gestalt am Ende gar kein historisches Vorbild?

Die Zeugnislage ist in der Tat dünn. In den Vorlagen für Geoffrey von Monmouths Werk findet sich in der im 9. Jahrhundert entstandenen *Historia Brittonum* eines gewissen Nennius ein Artus, der für die Ausgestaltung der Figur geeignet erscheint.[15] Der Artus der *Historia Brittonum* ist ein siegreicher Heerführer im Kampf gegen die Sachsen, gegen die er zwölf Schlachten schlägt. In der Entscheidungsschlacht am Mons Badonicus, so weiß der Autor zu berichten, habe Artus allein 960 Gegner im Kampf getötet. In einem der Gefechte soll der Held ein Marienbild auf seinen Schultern getragen haben, das ihm den Sieg bescherte. Eine ähnliche Schilderung können wir auch in den sogenannten *Annales Cambriae* lesen, die in ihrer überlieferten Version aus dem 10. Jahrhundert wohl auf eine ältere Vorlage zurückgehen. In dieser Darstellung ist es ein Kreuz auf seinen Schultern, das Artus in der Schlacht am Mons Badonicus zum Sieg verhalf. Des Weiteren berichten die Annalen, Artus sei gemeinsam mit Medraut – Mordred – in der Schlacht bei Camlann gefallen.

Diese Erwähnungen eines Heerführers Artus gelten als die ältesten Zeugnisse für die Existenz einer historischen Person gleichen Namens. Daneben findet sich dieser Name auch in dem walisischen Gedicht *Y Goddodin*, wo in einem Reimvers ohne weitere Ausführungen ein heldenhafter Krieger namens Artus genannt wird. Obwohl erst viele Jahrhunderte später niedergeschrieben, gehen Fachleute heute davon aus, dass der Kern dieses Werkes bis in die zweite Hälfte des 6. Jahrhunderts zurückreicht.[16] Ohne den Namen Artus zu nennen, erwähnt auch Gildas die Schlacht am Mons Badonicus um das Jahr 540. Die Erinnerung an den Wirkungszeitraum des „Königs" hat sich

offenbar – trotz des verzerrten Artus-Bildes des Spätmittelalters
– in der Literatur erhalten. So legt Sir Thomas Malory um 1470
dem Ritter Lancelot in *Le Morte Darthur* in den Mund, die Suche
nach dem Gral habe im Jahre 487 begonnen. Die genannten
Daten deuten in die Zeit des Vorstoßes der Sachsen auf die
Insel, der um die Wende zum 6. Jahrhundert begann.

Die Person des Artus ist in den Nebeln der „dunklen Jahrhunderte" verschwunden. Geblieben ist letztlich nicht mehr
als ein Name. Aber die Forschung ist sich heute weitgehend
einig darüber, dass ein historischer Artus existiert haben muss,
der auf Seiten der Briten als Heerführer oder „König" eines der
zu dieser Zeit zahlreichen Kleinreiche gegen die Invasion der
Sachsen kämpfte. Der kriegerische Held, dessen Andenken als
ein eher schwacher Funke jahrhundertelang in der mündlichen Überlieferung überdauert hatte, eignete sich gerade im
Zeitalter der vom Ritter- und feudalem Königtum geprägten
Kreuzzüge trefflich zur Stilisierung eines guten Herrschers.
Noch fehlt König Artus die später so untrennbar mit seinem
Namen verbundene Tafelrunde, in der sich die Ritter gleich-
rangig versammeln.[17] Diese fügt erst der normannische Kleri-
ker Wace in seiner 1155 vollendeten französischen Übersetzung der *Historia* hinzu, der sich für diesen Eingriff mit dem
Verweis auf die mündliche Überlieferung rechtfertigt.[18]

Die Tafelrunde, königliches Selbstverständnis und ein Ausflug zur „Glasinsel"

Mit dem Tod König Karls IV., des Schönen, erlosch im Jahre 1328 die direkte männliche Linie der Kapetinger, die seit dem Ende des 10. Jahrhunderts über Frankreich geherrscht hatten. Als Nachfolger kamen vor allem die aus einer kapetingischen Nebenlinie stammenden Philipp VI. von Valois und Philipp von Evreux in Frage. Doch auch der englische König Edward III., ein Neffe des verstorbenen Karl, erhob Ansprüche auf den französischen Thron. Im Jahre 1339 gipfelten diese Thronstreitigkeiten im Hundertjährigen Krieg. Die blutigen Schlachten, die von nun an auf dem Kontinent geführt wurden, bereiteten den Boden für die Wiederbelebung ritterlicher Tugenden und führten zunächst in England zur Gründung eines allein dem König verbundenen weltlichen Ritterordens, des sogenannten Hosenbandordens. Ebenso wie seine königlichen Vorfahren, die das Werk Geoffreys von Monmouth seit fast zwei Jahrhunderten begierig aufgenommen und Artus gleichsam programmatisch zum Ahnherrn ihrer Dynastie erklärt hatten, war Edward III. ein begeisterter Anhänger des legendären Herrschers. Wurden schon zur Mitte des 13. Jahrhunderts und verstärkt während der Herrschaft Edwards I. († 1307) Turniere veranstaltet, die eingedenk ihrer Vorbilder aus der Artusliteratur auch „Tafelrunden" genannt wurden, setzte sein Enkel diese Tradition nicht nur fort, sondern führte sie zu neuer Blüte.[19]

In Chrétien de Troyes' Roman *Perceval* kommt der Tafelrunde durch die Gralsuche heilsgeschichtliche Bedeutung zu.[20] Perceval, der Held in Chrétiens Erzählung, begegnet seiner Tante in einer Kapelle. Sie berichtet ihm von den drei Großen Gemeinschaften, deren erste beim Letzten Abendmahl am Tisch Jesu Christi zusammenkam. An zweiter Stelle nennt sie die Tafel des Heiligen Grals, der Joseph von Arimathea als Hüter des heiligen Gefäßes vorsaß. Der christlichen Tradition zufolge stellte er die Grablege für den gekreuzigten Christus bereit. Die dritte Gemeinschaft aber war laut den Ausführungen im *Perceval* die auf den Rat des Zauberers Merlin eingerichtete Tafelrunde des Königs Artus. Als getreues Abbild des Universums symbolisiert sie die Planeten, Gestirne und Sphären. Hierzu hatte der Magier prophezeit, dass der Gral zu seinen Lebzeiten nicht mehr erschiene, später aber drei Rittern zuteil werden würde.

Bereits 1344 hatte Edward III. († 1377), angeregt durch solche Erzählungen über den legendären Artus und seine heldenhaften Weggefährten, eine erste, der Tafelrunde nachempfundene Rittergemeinschaft ins Leben gerufen. Ihr folgte im Jahre 1348, einige Zeit nach dem überragenden Sieg der Engländer über die Franzosen in der Schlacht bei Crécy, die Gründung des bereits erwähnten Hosenbandordens (Order of the Garter). Der weltlichen Gemeinschaft ausgewählter Ritter haftete durch die Bezeichnung als „Orden" sehr bewusst ein Hauch des Religiösen an, der den sakralen Charakter ihres königlichen Oberhauptes betonen sollte. Ziel war es, durch das „starke, heilige Band" eines Ritterordens, eine besonders ausgeprägte Loyalität zwischen den ernannten Mitgliedern und dem Herrscher zu begründen wie auch vergangene ritterliche Tugenden nach zeitgenössischen Vorstellungen wiederzubeleben.[21]

Neben der Artusliteratur wirkte dabei auch die Rückbesinnung auf die im 12. Jahrhundert im Heiligen Land gegründeten geistlichen Ritterorden der Johanniter und vor allem der Templer, der zur Abfassungszeit von Waces *Roman de Brut* gerade seinen kometenhaften Aufstieg erlebte. Nach dem endgültigen Fall der levantinischen Kreuzfahrerstaaten im Jahre

1291 war insbesondere den Tempelherren Versagen vor dem Feind angelastet worden. Der Ketzerei und zahlreicher anderer Vergehen beschuldigt, wurde der einst hochgeschätzte Orden nach einem spektakulären Prozess im Jahre 1312 durch den Papst aufgelöst. Maßgeblich verantwortlich hierfür war König Philipp IV., der Schöne († 1314), gewesen, der bereits zu dieser Zeit von einem Ritterorden neuen Typs unter königlicher Führung geträumt hatte.

Die französische Antwort auf die Gründung des Hosenbandordens ließ nicht lange auf sich warten. Im Jahre 1351 richtete König Johann II., der Gute († 1364), die Gemeinschaft der *Chevaliers Nostre Dame de la Noble Maison* ein, nach dem Abzeichen seiner Mitglieder kurz „Sternenorden" (*Ordre de l'Étoile*) genannt. Seinen Sitz hatte der Sternenorden in Saint Ouen nahe Saint Denis. Wenn seine Mitglieder dort zu Festlichkeiten zusammenkamen, nahmen die jeweils drei tapfersten Prinzen, Bannerherren und Ritter zusammen an einem Ehrentisch (*table d'honneur*) Platz. Seit der zweiten Hälfte des 14. Jahrhunderts eiferten schließlich viele Adelige in Europa diesen königlichen Vorbildern nach. So entstanden beispielsweise der Schwertorden Herzog Peters von Lusignan oder der Orden vom Stachelschwein Herzog Ludwigs von Orléans. An Ansehen und Reichtum übertroffen wurden all diese Orden durch den vom burgundischen Herzog Philipp dem Guten im Jahre 1429 begründeten Orden vom Goldenen Vlies (*Toison d'or*).

Von der weiten Verbreitung ritterlicher Tischgesellschaften nach arthurischem Vorbild im späten Mittelalter zeugt noch heute der sogenannte Runde Tisch des Königs Artus in der Großen Halle des südenglischen Winchester Castle. Dieser bot 24 Rittern und dem königlichen Tischvorsitzenden Platz. Beginnend mit König Artus, der mit einer prächtigen Krone auf seinem Haupt, Schwert und Reichsapfel in hermelinverbrämtem

Mantel am Kopf der Tafel thront, folgen im Uhrzeigersinn die aus der Artusliteratur bekannten Namen angefangen mit Sir Galahad über Sir Lancelot und Sir Gawain bis hin zu Sir Mordred. In der Mitte prangen vereint die rote Rose von York und die weiße Rose von Lancaster; es sind die Wappen der beiden Nebenlinien der in England herrschenden Plantagenet-Dynastie, die in den sogenannten „Rosenkriegen" zwischen 1455 und 1485 um die Vorherrschaft auf den Thron rangen. Der runde Tisch von Winchester zeigt ihren vermeintlichen Vorfahren mit schulterlangem, lockigem Haar und Vollbart. Wie selbstverständlich hatten die Plantagenet-Könige dank der Geschichtsklitterung des Geoffrey von Monmouth den legendären Artus in ihren Stammbaum integriert. So behauptete etwa Richard Löwenherz, Artus' magisches Schwert *Excalibur* zu besitzen.[22] Sein Bruder Johann Ohneland zählte unterdessen die Klinge Tristans zu seinen Besitztümern. Die konstruierten Verbindungen zu Artus stützten sich dabei nicht allein auf literarische Fiktionen. König Heinrich II. († 1189), Vater Richards und Johanns, setzte alles daran, dem legendären Herrscher aus dem Buch höchst reale Gebeine zu verschaffen.

Das Benediktinerkloster Glastonbury in Somerset, dessen Wurzeln bis in das frühe Mittelalter zurückreichen, entwickelte sich dank der Förderung durch das anglo-normannische Herrscherhaus im Laufe des 12. Jahrhunderts zu einem blühenden Zentrum des Mönchtums in England. Im Jahre 1184 war ein großer Teil dieses „zweiten Rom" (*Roma secunda*) einem Feuer zum Opfer gefallen.[23] Will man dem zeitgenössischen Bericht des Gerald von Wales († 1223) glauben, so war es König Heinrich II. höchstpersönlich, der den Mönchen einige Zeit nach dem verheerenden Brand riet, auf ihrem Friedhof zu graben. Ein Waliser habe ihm nämlich berichtet, dort befinde sich die letzte

Ruhestätte des Königs Artus. Als die Brüder kurz darauf ein Grab für einen verstorbenen Mitbruder zwischen zwei pyramidenartigen Steinen aushoben, seien sie auf die Gebeine eines ungewöhnlich großen Mannes sowie einer Frau gestoßen. Daneben habe sich nach Aussage der Mönche ein Bleikreuz mit einer Inschrift befunden. Diese besagte, dass es sich bei den Skeletten um niemand anderen handle, als um den *„berühmten König Artus, der hier auf der Insel Avalon begraben sei"*, und seine zweite Gemahlin Guinevre.[24] Der Berichterstatter konnte die Gebeine selbst in Augenschein nehmen und fand angeblich zehn verheilte Schädelwunden sowie eine unverheilte, wohl tödliche Verletzung.[25] Das kleinere Skelett sei von feiner Gestalt gewesen und habe noch eine lange, blonde Haarsträhne besessen. In der historischen Forschung existieren heute unterschiedliche Interpretationen zu diesem Sensationsfund von Glastonbury. Die sterblichen Überreste waren für die Mönche von Glastonbury ebensoviel wert wie Heiligenreliquien. Sie bescherten dem durch den Brand finanziell angeschlagenen Kloster eine lukrative Einnahmequelle aus den zu erwartenden Besucherströmen. Das wusste auch Heinrich II. Er sorgte für die Überführung des Fundes in ein Marmorgrab, von wo aus die Gebeine durch Edward I. ein Jahrhundert später ein weiteres Mal umgebettet wurden, diesmal in eine Grablege vor dem Hochaltar.

Politisch betrachtet hatte der Fund für das englische Königshaus zwei Seiten. Die Auffindung von Artus' sterblichen Überresten machte die vor allem in Wales weit verbreitete Hoffnung auf die Rückkehr des legendären keltischen Herrschers aus dem geheimnisumwitterten Avalon zunichte. Zugleich reihte Heinrich Artus kurzerhand in seinen eigenen Stammbaum ein. Um dies auch nach außen zu demonstrieren wurde sein Enkel, Sprößling seines verstorbenen Sohnes Gottfried, im Jahre 1187 bezeichnenderweise auf den Namen Artus getauft.[26] Später griffen die Plantagenet-Herrscher für ihre eigene Person bisweilen programmatisch auf die Bezeichnung „wiedergekehrter Artus" (*Arturus redivivus*) zurück. Dass die Zeitgenossen durchaus an die Echtheit der in Glastonbury geborgenen Knochen glaubten, veranschaulichen die Ausführungen des Gerald von Wales:

> *„In der Zeit unseres eigenen Lebens wurde der Körper des Königs Artus in Glastonbury gefunden, obwohl die Legenden uns immer glauben ließen, dass an seinem Ende etwas Übernatürliches sei, er dem Tod widerstanden habe und an einen weit entfernten Ort entrückt worden sei."*[27]

Wie aber erklärt sich, dass der Chronist die Gleichsetzung von Glastonbury mit Avalon auf der bezeugten Grabinschrift so widerspruchslos hinnahm? Welche Bezüge ergeben sich zwischen den Bezeichnungen?

Bis heute ist das von den Artus-Legenden begeisterte Publikum nicht müde geworden, die Wirkungsstätten des legendären Herrschers zwischen Avalon und Tintagel lokalisieren zu wollen. Dabei gibt es immer wieder neue, zumeist aus sprachwissenschaftlicher Sicht formulierte Spekulationen. Auf dieser Grundlage bieten sich verschiedene Anknüpfungspunkte zwischen Glastonbury und dem sagenumwobenen Avalon an. Der angelsächsische Name Glastonbury könnte von einer ungenauen Übersetzung der ursprünglich keltischen Bezeichnung *Ynis Gutrin* herrühren.[28] Das bedeutet soviel wie „Glasinsel". Offenbar handelte es sich also um einen Ort, der irgendwann einmal von Wasser oder Sumpfland umgeben war und deshalb als „Insel" bezeichnet wurde. Der keltischen und nordischen Tradition zufolge war die Glasinsel ein paradiesischer Ort des Jenseits, der irgendwo im westlichen Meer lag. Angesichts der langen und rauen Winter in nördlichen Gefilden, stellte man sich dieses Land stets warm vor, wo schöne Frauen die entrückten Helden erwarteten. Damit entspricht die „Glasinsel" dem im Walischen *Ynis Avallach* genannten Ort. Während Geoffrey von Monmouth diesen Namen in christlichem Sinne von dem keltischen Wort für „Apfel" ableitet, deutet der Begriff wohl eher auf den heidnischen Totengott Avalloc hin. Den Zeitgenossen waren diese Zusammenhänge nicht fremd. Für sie war Glastonbury Avalon. Die Auffindung der Gebeine des legendären Herrschers Artus sprach in ihren Augen für die Wahrheit jahrhundertealter mündlicher Erzähltraditionen aus den „dunklen" Jahrhunderten.

KARL DER GROSSE

Ein Herrscher mit tausend Gesichtern

König der Suchmaschinen

Fragt man heute nach einem mittelalterlichen Herrscher, so wird häufig zuerst der Name Karls des Großen genannt. Diese Popularität spiegelt sich in unserer modernen Welt vor allem im Internet wieder. Gängige Suchmaschinen verzeichnen rund 300.000 Einträge zu seinem Namen. Kaiser Friedrich Barbarossa und König Richard Löwenherz liegen dagegen mit kaum mehr als 100.000 Verweisen weit dahinter zurück. Doch das Worldwide Web bietet mehr als eine Messlatte für den Bekanntheitsgrad Karls des Großen. Es vermittelt zwischen seriösen, dubiosen und skurrilen Links zugleich einen Eindruck von den tausend Gesichtern des Herrschers, die dessen wahre Gestalt im Laufe der Jahrhunderte bis zur Unkenntlichkeit überlagert und die historische Wirklichkeit in unterschiedlicher Weise verzerrt haben.[1] So ist es wohl nicht zuletzt dieser Entwicklung geschuldet, dass unlängst eine Stimme die Existenz Karls gänzlich bezweifelte und gar von einer „Zeitfälschung" nahezu dreier Jahrhunderte – der Jahre zwischen 614 und 911 – sprach,

was die historische Zunft in helle Aufregung versetzte.[2] Zu diesem Zerrbild des „fiktiven" Karl gesellen sich weitere, nicht
weniger extreme Bewertungen des Herrschers zwischen dem
„Sachsenschlächter" der NS-Propaganda, dem heldenhaften
Streiter wider die Muslime und dem Heiligen des 12. Jahrhunderts.[3] Interpretationen Karls als Idealtypus eines guten Herrschers, als eifrigem Verbreiter des Christentums und als „Vater
Europas" erscheinen uns aus heutiger Sicht weit treffender.[4]
Doch auch sie werden dem historischen Karl keineswegs
gerecht. Die Annäherung an einen realistischeren Karl, der „wie
kaum eine Gestalt der mittelalterlichen Welt instrumentalisiert
worden" ist und den in der jüngeren Vergangenheit vor allem
Deutsche wie Franzosen für nationalistische Zwecke in ihrer
eigenen Deutung missbraucht haben, erscheint nur befreit vom
Ballast der überreichen Traditions- und Legendenbildung
möglich.[5] Die wissenschaftlich-kritische Auswertung zeitgenössischer Quellen erlaubt eine schemenhafte Rekonstruktion der
Gestalt des Herrschers, seines Handelns und der Wirkung in
seiner Zeit. Zugleich stößt man im Spiegel dieser Zeugnisse auf
die Ursprünge und Motive jener späteren Karlsbilder, die erst
einmal aus ihrem eigentlichen historischen Kontext befreit ein
mehr oder weniger fragwürdiges Eigenleben entwickelten.
Einige von diesen wollen wir im Weiteren zu ihren Ausgangs-
punkten zurückverfolgen und wieder einbetten in den Lebens-
lauf Karls des Großen, der im Umfeld dieser Einbettung eingehender betrachtet wird. Jenseits dessen reicht für unsere
Zwecke eine grobe, vereinfachte Skizze von Karls Biographie.[6]
Von erheblicher Bedeutung für die allermeisten Karlsbilder ist
die Physis des Herrschers. Nichts liegt deshalb näher, als sich
zunächst dem Aussehen Karls zu widmen.

Sprechende Knochen, ein zeitgenössischer Biograf und der Reiter aus Metz

Das Bildzeugnis, das die heutige Vorstellung von Karl dem Großen am nachhaltigsten geprägt hat, ist zweifelsohne das Gemälde von Albrecht Dürer aus dem Jahre 1512, auf dem der Meister den Herrscher mit wallendem Haar und langem Bart in vollem Krönungsornat darstellt. Dürer hatte sich für dieses Bild an früheren Darstellungen orientiert, die Haltung und Ausstattung aber dem spezifischen idealisierten Herrschaftsverständnis seiner Zeit angepasst. Ein Vorbild war sicher die berühmte, um die Mitte des 14. Jahrhunderts entstandene, aus Silber getriebene Reliquienbüste Karls, die in der Aachener Domschatzkammer aufbewahrt wird und die in ihrem Inneren die Schädelkalotte des Herrschers birgt.[7] Nach den jüngsten anthropologischen Untersuchungen, die im Jahre 2005 begleitend zu Konservierungsarbeiten an dem Kunstobjekt durchgeführt wurden, handelt es sich bei den Knochen um diejenigen eines 50 bis 70jährigen Mannes. Die runde Kopfform deckt sich mit der zeitgenössischen Beschreibung; so scheint es den Anthropologen wahrscheinlich, dass es sich tatsächlich um die Schädeldecke Karls des Großen handelt.[8] Das von gewelltem Haar und einem sorgsam gekämmten Bart umrahmte Antlitz der Reliquienbüste mit seinen weit geöffneten Augen und seiner ebenmäßigen Nase ist aber ebenso eine Repräsentation des zeitspezifischen Herrscherbildes wie der schlanke, gereckte Hals mit seinem markanten Kehlkopf und steht im Widerspruch zur Schilderung Einhards aus dem 9. Jahrhundert. Auch die möglicherweise in Prag gefertigte Krone weicht in ihrer Form von älteren Darstellungen, wie der Metzer Reiterstatuette oder der Beschreibung in der *Vita Karoli Magni* ab. Sie ist ein Geschenk Karls IV. an die Aachener Marienkirche im Zuge seiner

Krönung im Jahre 1349. Krone und Reliquienbüste spielten fortan eine wichtige Rolle für die kirchliche Thronerhebung sowie für die Krönungszeremonien in Aachen. Beim feierlichen Einzug der Könige nach Aachen, dem sogenannten *adventus regis,* wurde die Karlsbüste dem neuen Herrscher entgegen getragen. Die Krone selbst fand bei späteren Krönungen Verwendung. Nicht eindeutig geklärt ist bis heute die Bedeutung der Adler- und Liliensymbole, die den goldenen Mantel und den Untersatz der Büste zieren. Interpretationen reichen von einem Phantasiewappen Karls bis hin zu einem frühen Wappen des Aachener Marienstifts.

Was können wir nun aber über das tatsächliche Aussehen Karls in Erfahrung bringen? Das berühmteste zeitgenössische Zeugnis über das Leben Karls des Großen ist die um 820 entstandene *Vita Karoli Magni* aus der Feder seines engen Vertrauten und Beraters Einhard († 840).[9] Der Verfasser bekennt, von den Taten Karls berichten zu wollen und tut dies in idealisierter Weise. Immerhin diente das Werk vor allem dazu, der Nachwelt Zeugnis über die Herrscherqualitäten Karls abzulegen. Formal orientiert sich das Werk an den antiken Kaiserbiografien Suetons, insbesondere an dessen *Vita Augusti.* Nichtsdestotrotz stuft die historische Forschung die *Vita Karoli Magni* aufgrund ihrer inhaltlichen Eigenständigkeit, Lebendigkeit und mitunter offenkundigen Wahrheitstreue als wertvolles Quellenzeugnis für das Leben des Herrschers ein.[10] Für diese Bewertung spricht exemplarisch Einhards Beschreibung von Karls äußerer Erscheinung im 22. Kapitel seines Werkes. Darin heißt es:

> *„Er war von breitem und kräftigem Körperbau, von hervorragender Größe, die jedoch das richtige Maß nicht überschritt – denn seine Länge betrug, wie man weiß, sieben seiner Füße – das Oberteil seines Kopfes war rund, seine*

Augen sehr groß und lebhaft, die Nase ging etwas über das Mittelmaß, er hatte schönes graues Haar und ein freundliches, heiteres Gesicht. So bot seine Gestalt im Stehen wie im Sitzen eine höchst würdige und stattliche Erscheinung, wiewohl sein Nacken feist und zu kurz und sein Bauch etwas hervorzutreten schien; das Ebenmaß der anderen Glieder aber verdeckte dies. Er hatte einen festen Gang, eine durchaus männliche Haltung des Körpers und eine helle Stimme, die jedoch zu der ganzen Gestalt nicht recht passen wollte."

Einhard fährt fort, Karl habe sich stets einer guten Gesundheit erfreut. Erst in den letzten Jahren vor seinem Tod sei er des Öfteren von Fieberschüben geplagt worden. Zudem machten sich die Folgen einer allzu fleischreichen, herrscherlichem Lebensstandard entsprechenden Kost bei dem alternden Kaiser bemerkbar. Vielleicht plagte ihn die Gicht. Jedenfalls betont sein Biograf, Karl habe mit einem Fuß gehinkt. Er sei lieber seinem eigenen Ermessen gefolgt, als dem Rat seiner Ärzte. Diese hätten ihm nämlich geraten, lieber gekochtes Fleisch als Braten zu essen. Einhard zeichnet hier nicht das Bild eines vollkommenen Herrschers. Er verschweigt nicht die größeren und kleinen Schönheitsfehler von Karls äußerer Erscheinung, wenngleich noch immer die Betonung idealtypischer körperlicher Merkmale überwiegt. Insgesamt spricht die weitgehend ungeschönte Art der Darstellung für ihre Nähe zur Realität. Das Werk Einhards ist erst einige Jahre nach Karls Tod entstanden. Die Erinnerung des Verfassers an den alternden König ist deutlicher als die an einen Herrscher in der Blüte seiner Jahre. Die ergrauten Haare, der Bauchansatz und die allmählich auftretenden gesundheitlichen Beschwerden zeigen demnach den Herrscher in seinen letzten Lebensjahren.

Dies führt uns zu der Frage nach seinem Alter. Zeitgenössische Quellen belegen den 2. April als Geburtstag des Herr-

schers, schweigen sich aber über das Geburtsjahr aus. Lange
nahm man in der historischen Forschung an, Karl der Große sei
im Jahre 742 geboren. Diese Auffassung stützte sich nicht
zuletzt auf die Ausführungen seines Biografen Einhard, der
angibt, dass der Herrscher in seinem 72. Lebensjahr gestorben
sei. Im Gegensatz zu seinem Geburtsjahr ist der 28. Januar 814
unstrittig als Todestag Karls bekannt. Von diesem Datum ausgehend ergab sich in Verbindung mit Einhards Angabe rechne-
risch 742 als Geburtsjahr. Diese Rechnung barg allerdings
gewisse Probleme. Den Lorscher Annalen zufolge vermählten
sich Karls Eltern, Pippin III. und Bertrada, nämlich erst 744 in
einer rechtmäßigen Ehe. Somit wäre der spätere Frankenherrscher der Spross einer außer-, zumindest aber einer vorehli-
chen Beziehung. Eine solche Vorstellung passte aber nicht in
das Karlsbild. Um dieses wieder zurechtzurücken, wurde kurzerhand erklärt, die Eltern Karls wären bereits zuvor eine sogenannte „Friedelehe" eingegangen. Bei dieser angeblich zweiten
germanisch-fränkischen Variante der Eheschließung handelt es
sich allerdings um eine rechtsgeschichtliche Fiktion.[11]

Erst zu Beginn der 1990er Jahre ist die Konstruktion rund
um Karls Geburtsjahr ins Wanken geraten.[12] Frühmittelalterliche Annalen, die nur in einer Abschrift aus dem 16. Jahrhundert überliefert sind und daher trotz ihrer allgemein akzeptier-
ten Verlässlichkeit bisher nicht in dieser Frage herangezogen
worden waren, verzeichnen in einem Zusatz unter der Jahres-
angabe 747 die Geburt Karls des Großen. Darin heißt es: *„In
diesem Jahr wurde König Karl geboren* (*eo ipso anno fuit natus
Karolus rex*)". Nun gilt es dabei zu bedenken, dass der Jahres-
beginn zu dieser Zeit anders festgelegt wurde als dies heute
üblich ist. Mancherorts begann das neue Jahr mit dem Weihnachtstag am 25. Dezember, andernorts – wie in England – am
Tag von Mariä Verkündigung, dem 25. März, nur selten aber am

1. Januar. In vielen Gegenden des mittelalterlichen Europa aber und so auch im Frankenreich bestimmte der jeweilige Ostertermin zugleich den Jahresanfang. Dies wird vor allem im Spiegel der Annalen deutlich, die ihrerseits aus sogenannten Ostertafeln entstanden sind. In den Klöstern verwendete man einige Mühe darauf, die Ostertermine und davon ausgehend die übrigen beweglichen Feiertage zu berechnen. Das Osterfest und damit der Beginn des neuen Jahres fielen 748 auf den 21. April. Für seine mittelalterlichen Zeitgenossen lag Karls Geburt am 2. April also kurz vor dem Jahresende. Übertragen auf unsere heutige Zeitrechnung mit dem jeweiligen Jahresanfang am 1. Januar bedeutet dies, dass der Herrscher am 2. April 748 geboren wurde.

Diese Korrektur von Karls Geburtsdatum wird heute allgemein in der historischen Forschung akzeptiert, zumal sie durch weitere Hinweise in den Quellen erhärtet wird. So übertrug Pippin seinem Sohn Karl am 20. Juni 760 in der Pfalz Verberie, nordöstlich von Paris gelegen, den Schutz über das Kloster St. Calais. Die erste Betrauung des späteren Herrschers mit einem Amtsgeschäft deutet darauf hin, dass er in ebendiesem Jahr die für die Aufgabe erforderliche Mündigkeit von 12 Jahren erreichte. Doch noch eine weitere Begebenheit spricht für 748 als Geburtsjahr Karls des Großen. Dem Bericht von der Überführung der Gebeine des heiligen Pariser Bischofs Germanus in das nach ihm benannte Kloster Saint-Germain-des-Prés zufolge waren Pippin, Karl und dessen jüngerer Bruder Karlmann am 25. Juli 755 Augenzeugen dieses denkwürdigen Ereignisses. Der Text enthält hierzu eine Anekdote, die angeblich aus Karls eigenem Munde stammte. So habe er als Siebenjähriger seinen ersten Zahn verloren, als er in kindlichem Übermut in die neue Grablege für die Reliquien des heiligen Germanus gesprungen sei. Einhard hielt diese Begebenheit nicht für erwähnenswert.

Er betont vielmehr, über die Kindheit und Jugend des Herrschers gebe es nichts zu berichten. Selbst über den Geburtsort
Karls hüllt sich sein Biograf in Schweigen. Leider gibt auch
keine andere Quelle hierüber Auskunft. Wo Karl der Große
geboren wurde, ist bis heute unbekannt geblieben. Aus dem
ermittelten Datengerüst folgt, dass der Kaiser 66 Jahre alt war,
als er am Morgen des 28. Januar 814 in Aachen starb, sieben
Tage nachdem eine mit hohem Fieber einhergehende Krankheit begonnen hatte, ihn an sein Lager zu fesseln.[13] Der Karl,
dessen Aussehen Einhard so ausführlich beschreibt, war den
Quellenbefunden zufolge also ein Mann im 7. Jahrzehnt seines
Lebens.

Unter den äußerlichen Merkmalen des von Einhard dargestellten Herrschers stechen zunächst dessen Größe und der entsprechend kräftige Körperbau hervor. Auch in den zahlreichen
Legenden, die sich um die Gestalt Karls ranken, ist häufig von
dessen stattlicher Erscheinung die Rede. In diesem Fall scheint
die Köpergröße allerdings kein Topos zur Ausschmückung eines
idealen Herrscherbildes zu sein. Vielmehr stützt der paläopa-
thologische Befund die Ausführungen Einhards. Die Skelett-
reste im Aachener Karlsschrein wurden in den Jahren 1843,
1945 und 1988 anthropologisch untersucht. Unter dem Vorbe-
halt, dass es sich bei diesen Gebeinen tatsächlich um die Karls
des Großen handelt, maß dieser dem Untersuchungsbefund
zufolge 1,90 Meter.[14] Für einen Mann des 8. Jahrhunderts war
der Herrscher damit deutlich größer als der Durchschnitt der
Bevölkerung des Frankenreiches. So ergab etwa die Untersu-
chung von rund 100 Skelettfunden aus dem karolingerzeitli-
chen Gräberfeld von St. Petri im westfälischen Soest eine durchschnittliche Größe von 1,70 Meter unter erwachsenen Männern
sowie von 1,56 Meter unter erwachsenen Frauen.[15] Ein ähnli-

ches Bild ergab sich für die Skelette des 6. bis 8. Jahrhunderts aus dem alamannischen Gräberfeld Weingarten.[16] In diesem Fall lässt sich der Befund sogar weiter differenzieren. Die durchschnittliche Körpergröße von Angehörigen der Führungsschicht und der Freien lag einige Zentimeter über der der Halbfreien. Ein Mann aus der alamannischen Führungsschicht maß im Durchschnitt 1,74 Meter, ein Freier 1,71 Meter und ein Halbfreier 1,70 Meter. Deutlicher fällt der Unterschied bei den Frauen aus. Entsprechende Skelettfunde aus Kirchheim belegen eine durchschnittliche Körpergröße von 1,67 Meter für Frauen aus der führenden Schicht. Sie waren damit rund 13 Zentimeter größer als die durchschnittliche freie Frau. Karl war also rund 20 Zentimeter größer als seine männlichen Untertanen östlich des Rheins. Bedenkt man, dass die Körpergröße der romanischen Bevölkerung westlich des Rheins kleiner war als die ihrer östlichen Nachbarn, dürfte der Herrscher diese etwa um Haupteslänge überragt haben.[17]

Das Erscheinungsbild eines Menschen wird komplettiert durch die Sprachfertigkeit, ein Detail, auf das der Biograf Karls nicht verzichtet. Welche Sprache hat der stattliche Herrscher mit der feinen Stimme gesprochen, in dessen großem Reich Untertanen mit verschiedenen Muttersprachen lebten? Die in Neustrien, westlich des Rheins niedergelassenen Franken verständigten sich zu dieser Zeit bereits in der *lingua Romana* der angestammten Bevölkerung. Die östlich des Rheins in Austrasien lebenden Franken hingegen verwendeten weiterhin eine germanische Sprache, die als *lingua Theotisca* oder *frenkisga zunga* bezeichnet wurde.[18] Hinweise auf deren aktiven Gebrauch im engeren Umfeld Karls finden sich nicht zuletzt in den Rechtsbestimmungen der sogenannten Kapitularien.[19] Sie war wohl auch die Muttersprache (*sermo patrius*) des Herrschers. Den Ausführungen Einhards ist zu entnehmen, dass Karl Latein lernte und sich darin ebenso fließend verständigen konnte wie in seiner Muttersprache.[20] Solches war wohl die Voraussetzung für die Kommunikation mit seinen Untertanen in Neustrien wie auf einem sehr viel höheren Niveau für die sprachliche Verständigung mit dem Papst oder dem Stab von Gelehrten verschiedener Herkunft, die Karl um sich gesammelt hatte. Einhard zufolge beherrschte der Kaiser – wenngleich wohl nur passiv – zudem das Griechische.

Die Forschung ist sich inzwischen darin einig, dass die bronzene, 20 Zentimeter hohe Reiterstatuette, die heute im Pariser Louvre aufbewahrt wird und als älteste plastische Darstellung des Herrschers gilt, kein naturgetreues Porträt Karls ist. Der westfränkische König Karl der Kahle ließ diese wohl vor dem Hintergrund seiner Krönung zum Herrscher von Lotharingien 869 zur Erinnerung an seinen Großvater in Metz fertigen. Deutlich werden jedoch Parallelen zu Einhards Beschreibung von der äußeren Erscheinung Karls des Großen.[21] Der runde Kopf wird von einem Kronreifen mit lilienartigen Verzierungen geschmückt. Der Hals ist auffällig kurz. Kurz ist auch das zu einer Rundfrisur geschnittene Haar. Es fällt nicht über die Ohren und bedeckt auch nicht den feisten Nacken. Die Nase ist markant. Der zeitgenössischen fränkischen Mode entsprechend trägt der königliche Reiter einen Schnurrbart. Im Verhältnis zu seinem Pferd ist er recht groß geraten – selbst wenn man in Rechnung stellt, dass domestizierte Tiere zu dieser Zeit deutlich kleiner waren als in der Gegenwart.[22] Das Reittier verfügt über ein Zaumzeug, doch fehlen die Steigbügel. In Byzanz waren diese bereits seit dem 6. Jahrhundert in Gebrauch, fanden schon bald ihren Weg in den Westen und waren zu Karls Lebzeiten unter den Franken bereits weit verbreitet.[23] Warum bei der Metzer Statuette die Steigbügel fehlen, lässt sich nicht eindeutig beantworten. Eine Erklärung ist, dass sich der Künstler bei der Gestaltung des Kunstwerks stark an einem antiken Vorbild orientierte: Der Reiterstatue des römischen Kaisers Marc Aurel.[24] Diese steht heute auf dem Kapitolplatz in Rom, befand sich im Mittelalter aber vor dem Lateranpalast. Eine weitere Deutung ist, dass der Reiter so fränkisch wie eben möglich dargestellt werden sollte. So wurde auf die Steigbügel als einer ausländischen Neuerung verzichtet.

Auch dies passt zu dem Bild, das Einhard von Karl dem Großen zeichnet. Der Reiter trägt eine typische fränkische Tracht: Ein langer, an der rechten Schulter von einer Fibel gehaltener Mantel reicht bis zu den Füßen hinab. Die Hosen sind unter den Knien zusammengebunden. Die Schuhe überdecken die Knöchel. An seinem Gürtel hängt ein Schwert. Neben der Krone als Zeichen seiner königlichen Würde hält der Reiter eine Kugel in seiner linken Hand. Seine Rechte umschloss wahrscheinlich ein heute verlorenes Szepter. Auch im Hinblick auf Karls Kleidung lassen sich zahlreiche Gemeinsamkeiten zwischen der Reiterstatuette und der Beschreibung Einhards entdecken. So unterstreicht der Biograf im 23. Kapitel seines Werkes, Karl habe sich stets nach fränkischer Sitte gekleidet und nie die fremdländischen Gewänder angezogen, die ihm Gesandte aus fernen Orten als Geschenke überbrachten. Will man den Ausführungen Einhards glauben, trug der Kaiser ein leinenes Unterhemd und leinene Unterhosen. Darüber kleidete er sich mit einem Wams, das mit seidenen Streifen verbrämt war, sowie Hosen in der Manier, wie sie die Reiterstatuette zeigt. Für die Farbe seines Mantels bevorzugte der Herrscher blau. Im Winter tauschte er diesen leichteren Schutz vor den Widrigkeiten des Wetters mit einem Umhang aus Fischotter- oder Zobelpelz. Sein Schwert, dessen Gehänge und Griff kostbar verziert waren, trug er stets bei sich. Zu besonderen Anlässen schmückte ein goldenes, mit Edelsteinen besetztes Diadem sein Haupt.

Karl und die Sachsen

Kein Konflikt beschäftigte Karl den Großen während seiner Herrschaft so lange wie die Sachsenkriege. Als der 24jährige Herrscher 772 erstmals gegen die Sachsen ins Feld zog, ahnte er nicht, dass sich diese Auseinandersetzung mit aller Härte über Jahrzehnte fortsetzen würde. In der Rückschau auf die Ereignisse sollte Einhard später schreiben: *„Kein anderer Krieg ist von den Franken mit ähnlicher Ausdauer, Erbitterung und Mühe geführt worden.“* Die territoriale Ausbreitung des Frankenreiches scheint zugleich untrennbar verbunden mit der frühmittelalterlichen, in Friesland und Sachsen vor allem von angelsächsischen Missionaren wie Willibrord, Winfried-Bonifatius, den beiden Ewalden, Lebuin und Willehad vorangetriebenen Christianisierung. Die Sachsen unterschieden sich in vielerlei Hinsicht von den Franken. Ihr Siedlungsgebiet ersteckte sich in etwa von der Nordseeküste bis an die Grenzen Thüringens und von der Elbe im Osten bis an die Ijssel im Westen. Im Gegensatz zu den Franken gab es bei den Sachsen kein Königtum. Vielmehr gliederten sie sich in drei sogenannte „Schwärme“, zu denen sich später ein vierter hinzugesellte: Westfalen, Engern, Ostfalen und schließlich die Transalbingier jenseits der Elbe. Diese Verbände unterstanden Häuptlingen, die sich auf einer jährlichen Versammlung in einem Ort namens Marklo trafen, der wahrscheinlich in der Nähe der Weser lag. Die sächsische Gesellschaft unterteilte sich in Edelinge, Frilinge und Laten. Handelte es sich bei ersteren um Sachsen, die seit dem 3. Jahrhundert Zug um Zug das nunmehr von ihnen besiedelte Gebiet erobert hatten, entstammten die Frilinge und die unfreien Laten der alteingesessenen Bevölkerung.

Neben solchen Unterschieden in der politischen und gesellschaftlichen Organisation, standen religiöse. Die christliche Lehre stand der Lebenswirklichkeit in Sachsen konträr gegenüber und war angesichts des Fehlens von zentralen Begriffen wie Sünde, Schuld und Vergebung in der sächsischen Sprache nur schwer vermittelbar.[25] Allerdings bildete gerade das Christentum eine wichtige Klammer in dem wachsenden fränkischen Vielvölkerreich.

Offiziell waren es zunächst gegenseitige Grenzübergriffe, die Karl auf der zweiten Wormser Reichsversammlung dazu veranlassten, einen begrenzt geplanten Feldzug ins Sachsenland zu unternehmen. Eine Eroberung des gesamten Gebiets war zu dieser Zeit noch nicht beabsichtigt. Auch existierten keine Pläne für eine umfassend damit einhergehende Missionierung. Vielmehr verstanden die Franken das Unternehmen als Strafaktion, die zugleich der Grenzsicherung diente. Hierzu standen neben militärischen Mitteln durchaus auch finanzielle zur Verfügung, um mit den Häuptlingen separate Absprachen zu treffen. Den Franken gelang es von Hessen aus, die Eresburg zu erobern und die nahegelegene Irminsul zu zerstören, ein wichtiges Heiligtum der Sachsen. An der oberen Weser trafen sich die erschütterten Sachsen zum Friedensschluss mit Karl. Wie zu dieser Zeit üblich, wurden von sächsischer Seite Geiseln gestellt, um die Einhaltung des Friedens zu garantieren. In der Folge aber sollte sich zeigen, dass die Organisation der Sachsen einer dauerhaften Waffenruhe entgegenstand. Der Friede war nicht mehr als ein Separatfriede, der mit nur einem Schwarm ausgehandelt worden war.

Schon bald flammte der Konflikt wieder auf. Die militärische Auseinandersetzung mit den Sachsen nahm im Laufe der Zeit an Härte zu. Im Jahre 782 machte sich Karl der Große an die Unterwerfung der Sachsen und ihre Integration in das fränkische Großreich. In der Folge besetzten die Franken das Sachsenland und erließen mit der sogenannten *Capitulatio de partibus Saxoniae* ein hartes Besatzungsrecht, das den Besiegten zahlreiche Auflagen machte. Die rebellischen Sachsen nahmen indes solche Demütigungen nicht einfach hin. Unter Führung Wittekinds kam es zum Aufstand, wobei die Sachsen auch gegen die neu errichteten Missionszentren vorgingen. Karl entsandte Truppen zur Niederschlagung der Revolte, die jedoch durch einen strategischen Fehler der fränkischen Anführer in einer schmachvollen Niederlage endete. Am Süntel, rechts der Weser zwischen Hameln und Minden, kam es zum Kampf. Die Verluste waren verheerend. Mit dem Kämmerer, dem Marschall und dem Pfalzgrafen waren drei hohe Funktionsträger des fränkischen Hofes gefallen. Hinzu kamen zwanzig Kämpfer aus den Familien der Großen. Das sogenannte „Strafgericht von Verden" war Karls Reaktion auf diese Niederlage. Den Reichsannalen zufolge ritt der Herrscher mit seinem Gefolge eiligst dorthin, wo die Aller in die Weser fließt. Angeblich unterwarfen sich ihm die dort versammelten Sachsen und lieferten die Aufrührer aus. Nur Wittekind war die Flucht geglückt. Die Reichsannalen beziffern die Zahl der Ausgelieferten mit 4.500 Männern. Diese seien alle an einem Tag in Verden geköpft worden.

Die Ereignisse um das „Strafgericht von Verden" prägten nachhaltig das Bild Karls des Großen in der NS-Zeit. Schon 1933, kurz nach der nationalsozialistischen Machtübernahme, finden sich in einschlägig ideologisch gefärbten Zeitschriften wie „Volk und Rasse" oder „Germanien" erste Schmähungen Karls als „Sachsenschlächter". Diesem „undeutschen" Karl als Vertreter des französischen Erzfeindes stand der heroische Sachsenherzog Wittekind als völkische Kultfigur gegenüber. Die Führung des NS-Staates investierte einige Mühen in dessen organisierte Verklärung. Im Sommer 1934 wurde in Wildeshausen, dem angeblichen Stammsitz des Sachsenherzogs, eine „Gedächtnisfeier für die 4.500 von Karl dem Großen ermordeten Sachsen" gehalten.[26] In Verden versammelten sich am 23. Juni 1934 rund 60.000 Angehörige der SA, der Hitlerjugend wie der Wehrmacht und hörten aus dem Munde des Reichsleiters für die Schulung und Erziehung der NS-Bewegung, Alfred Rosenberg, dass Wittekind in der deutschen Geschichte stets als Symbol „heldenhaften Widerstandes gegen fremde Unterdrückung" stehe. Er verglich Hitler mit dem Sachsenherzog und die im Kampf für ihre Gesinnung getöteten Angehörigen der NSDAP mit den hingerichteten Sachsen. Um diesem Bild dauerhaften Ausdruck zu verleihen, wurde ein Ehrenhain mit 4.500 Findlingen übergeben. Der SS-Reichsführer Himmler, der bei den Feierlichkeiten nicht zugegen war, hatte noch größeres im Sinn. Er hatte ein Gelände aufkaufen lassen, auf dem bis 1935 ein monumentales Sachsen-Ehrenmal entstand.

Kurz vor dem Beginn des Zweiten Weltkriegs erfuhr die Bewertung Karls jedoch eine radikale Wende. Ab 1937 wurde der legendäre Herrscher plötzlich zum Mustergermanen und „ersten Deutschen" verwandelt. In der Folgezeit verstärkten sich Tendenzen, Karl als Vorreiter einer Germanisierung Europas in Beschlag zu nehmen. Im Jahre 1942, in dem man nach dem damaligem Stand der historischen Forschung Karls 1200. Geburtstag annahm, widmete sich selbst Hitler in einer Geheimrede vor dem Offiziersnachwuchs den Leistungen Karls für die „deutschen Stämme". Vor aller Augen trat das Ereignis durch einen Sonderstempel der Reichspost mit der Umschrift „Großdeutschland gedenkt Karls des Großen". Die historische Fachwelt reagierte während der NS-Zeit gespalten auf die neuen ideologiegetränkten Bewertungen Karls des Großen und Wittekinds. Kritische Stimmen standen Anhängern der NS-Ideologie gegenüber. Für das allgemeine Bild des Herrschers in der Bevölkerung war aber gewiss nicht die Fachdiskussion, sondern die vorgegebene Linie der politischen Führung maßgeblich.

Zweifel am Umfang des „Blutbades von Verden", das für einige Zeit die Vorstellungen von Karl dem Großen beeinflusste und noch heute nachwirkt, sind vor allem in der jüngeren historischen Forschung deutlich geäußert worden.[27] Zunächst einmal ist bei der Nennung allzu großer Zahlen in mittelalterlichen Quellen bekanntermaßen Vorsicht geboten. Sie sind in der Regel nicht genau zu nehmen, sondern deuten lediglich an, dass es sich um eine große, über das übliche Maß hinausgehende Menge handelte. Es ist mehr als unwahrscheinlich, dass das fränkische Heer mit genügend Männern nach Sachsen vorgerückt war, um eine solche Zahl an Gefangenen zunächst bewachen und dann töten zu können. Schon bei geplanten Kriegszügen überschritt die Truppenstärke wohl kaum 5.000 Mann. Bestenfalls aber lag sie bei 10.000 Kämpfern. Auf sächsischer Seite dürften noch weniger Männer zur Verfügung gestanden haben. Einzig an dem Ereignis selber besteht wohl kein Zweifel.

Zwischen „Rolandslied" und „Tausendundeiner Nacht". Karls Begegnung mit der islamischen Welt

„Gott, wie mühselig ist mein Leben", seufzt Karl der Große am Ende des berühmten, um 1100 in Nordfrankreich entstandenen, altfranzösischen Rolandsliedes (Vers 3999).[28] Das Werk mit seinen 300 Strophen und rund 4.000 Versen setzte kurz nach dem Beginn der Kreuzzüge in den Vorderen Orient eine literarische Tradition in Gang, die Karl den Großen zum heldenhaften Streiter Christi wider die Muslime stilisierte und ihren Widerhall um 1170 unter anderem in dem mittelhochdeutschen Rolandslied des Pfaffen Konrad fand. In dem nach 1140 ebenfalls in Frankreich verfassten lateinischen Werk des sogenannten Pseudo-Turpin, das um 1170 in die Aachener Karlsvita *De*

Sanctitate Karoli Magni einfloss, verwandelt den Herrscher gar in den Befreier des Jakobsgrabes. Die jüngst wieder stark in Mode gekommene Pilgerreise nach Santiago de Compostela zum Heiligen Jakobus erfreute sich im 12. Jahrhundert eines ersten regen Aufschwungs. Durch die reiche Karlsliteratur des Mittelalters, deren Entwicklung und Zusammenhänge hier nicht eingehender betrachtet werden sollen, verfestigten sich die Vorstellungen von Karl als Kämpfer gegen den Islam. Ihre Spuren reichen bis in unsere Gegenwart. Vielleicht vor allem deshalb, weil die literarische Tradition zur Vervollständigung des Idealbildes von Karl als einem ebenso guten und weisen wie in Gottes Auftrag kämpferischen und damit heiligmäßigen Herrscher die Person des treuergebenen Paladins Roland zur Seite stellt. Sein Wunderhorn Olifant und sein meisterhaftes Schwert Durendart spielen eine wichtige Rolle in der bis heute besonders in Frankreich populären Rolandssage, der modernisierten Form des ursprünglichen Rolandsliedes.

Doch die militärische Unternehmung Karls auf der Iberischen Halbinsel im Jahre 778 und die Ereignisse am Pyrenäenpass bei Roncesvalles fanden nicht nur einen literarischen Niederschlag. Ein Fenster der Kathedrale von Chartres verewigt das Geschehen in idealisierter Form ebenso wie das Portal des Doms von Verona und der Aachener Karlsschrein. Roland findet sich seit der 2. Hälfte des 12. Jahrhunderts in der stilisierten Gestalt eines hochmittelalterlichen Ritters als Siegelbild wie auch als ein figürliches Symbol für die von Karl verliehenen städtischen Freiheiten.[29] Den hölzernen Figuren folgten steinerne. Exemplarisch steht dafür bis heute der 1404 errichtete Roland auf dem Marktplatz von Bremen. Doch welcher historische Kern steckt in dem Helden Roland und der eng damit verbundenen Beurteilung Karls als antimuslimischem Gotteskrieger?

Wenige Jahre nach dem Tod Mohammeds im Juni 632 verbreiteten die Muslime von der Arabischen Halbinsel aus die neue Lehre in Windeseile über weite Teile des Vorderen Orients und Nordafrikas.[30] Selbst das einst so mächtige Sassanidenreich war unter dem Ansturm zusammengebrochen. Damit stand ganz Persien unter muslimischer Herrschaft. Während sich die Eroberungen im Osten in der Folgezeit bis an die Grenzen Chinas fortsetzten, griff im Westen der muslimische Heerführer Tarik im Jahre 711 mit zumeist berberischen Truppen von Nordafrika aus auf die Iberische Halbinsel über. Die westgotischen Herrscher vermochten den Vorstoß nicht abzuwehren. Über Toledo, der Hauptstadt des Westgotenreiches, wehte für mehr als vier Jahrhunderte das grüne Banner des Islam. Die Muslime eroberten nahezu die gesamte Iberische Halbinsel. Nur das nördlich gelegene Asturien trotzte als letzte christliche Bastion dem übermächtigen Gegner. Erst einmal auf dem europäischen Kontinent gelandet, stellten die Pyrenäen kein Hindernis für einen weiteren Vorstoß ins Frankenreich dar. Es war Karls Großvater Karl Martell, der durch den Sieg in der berühmten Schlacht von Tours und Poitiers im Jahre 732 die weitere Ausbreitung des muslimischen Herrschaftsbereichs im Westen stoppte. Es ist zweifelsohne auch die Erinnerung an dieses Ereignis, die in der späteren literarischen Tradition auf Karl den Großen übertragen wird. So ist das Bild Karls des Großen als Kämpfer gegen die Muslime durch Karl Martell mitgeprägt worden.

Doch mit dem Sieg von 732 war keineswegs die latente Gefahr gebannt, die von einer islamisch beherrschten Iberischen Halbinsel besonders für den Westen des Frankenreiches ausging. Ein Jahr vor der Geburt Karls des Großen trat ein Umbruch in der islamischen Welt ein, der sich auch auf die Politik der fränkischen Herrscher auswirken sollte: 747 hatte in der persischen Provinz Khorasan der Aufstand gegen die herrschende Dynastie der Omaijaden begonnen. Am 2. September 749 war Abu al-Abbas, Spross eines Onkels des Propheten Mohammed, in Kufa von seinen Anhängern zum neuen Kalifen und „Beherrscher der Gläubigen" (*amir al-mu'min n*) ausgerufen worden. Der gestürzte Omaijadenkalif Merwan II. hatte sein Heil in der Flucht gesucht, die ihn bis nach Ägypten führte. Dort wurde er im Jahre 750 in einem Hinterhalt ermordet. Nicht genug damit, richtete Abu al-Abbas, der als Herrscher unter dem bezeichnenden Namen as-Saffah („der Blutige", ironischerweise kann das Wort auch „der Großmütige" bedeuten!) bekannt wurde, ein Blutbad unter den Mitgliedern der Omaijaden-Familie an. Er schreckte nicht einmal davor zurück, die Gräber der Omaijadenkalifen zu schänden. Deren sterbliche Überreste wurden ausgegraben und verbrannt. Einzig Abd ar-Rahman I. war der Gewaltorgie auf die Iberische Halbinsel entkommen. Mit dem Emirat von Córdoba legte er 756 die Grundlagen einer nahezu dreihundertjährigen Omaijadenherrschaft über al-Andalus.[31]

Die Franken suchten schon bald den diplomatischen Kontakt zu den Abbasiden.[32] Wenn auch aus unterschiedlichen Gründen, teilten beide Parteien durchaus ähnliche Interessen. Diese waren gewichtiger als alle grundlegenden Vorbehalte gegen die Muslime als Feinde des christlichen Glaubens. Im 8. Jahrhundert wusste die abendländische Christenheit ohnehin noch wenig über die Lehren des Islam.[33] Die Abbasiden wollten die omaijadische Herrschaft auf der Iberischen Halbinsel beseitigen. Doch diese lag geographisch zu weit von ihrem Machtzentrum im Zweistromland entfernt, als dass man die Omaijaden von dort aus militärisch in ernsthafte Bedrängnis hätte bringen können. Entsprechende Versuche, die Iberische Halbinsel dem Herrschaftsbereich des abbasidischen Kalifats einzuverleiben, waren 763 und 777 gescheitert. Für die Franken hingegen bedeutete das Emirat von Córdoba eine stete Bedrohung der westlichen Reichsgrenze.

Im Osten verband Franken und Abbasiden in Gestalt von Byzanz ebenfalls ein gemeinsamer Rivale. Die Beziehungen zwischen Franken und Byzantinern waren aufgrund theologischer Gegensätze und des unterschiedlichen Verständnisses im Hinblick auf weltliche Herrschaftsansprüche stets gespannt. Das Verhältnis zwischen Byzanz und den Muslimen – egal ob nun unter omaijadischer oder abbasidischer Herrschaft – war von jeher durch Feindschaft geprägt. Immerhin hatte die Ausbreitung des Islam im Vorderen Orient empfindliche Gebietsverluste für das Byzantinische Reich bedeutet. Selbst die heilige Stadt Jerusalem war den Muslimen 638 in die Hände gefallen. Vor dem Hintergrund dieser Gemengelage nahm Karls Vater Pippin III. im Jahre 765 erstmals Kontakt mit dem Abbasidenkalifen al-Mansur auf, dem Großvater Harun ar-Raschids. Der als märchenhafter Herrscher in die Erzählungen aus „Tausendundeiner Nacht" eingegangene Harun und Karl der Große sollten diesen Interessenaustausch später fortsetzen. Doch Bagdad war weit. Die Konkurrenz zwischen dem lokalen muslimischen Machthaber des Ebrotales wie der nördlichen Regionen und dem Emirat von Córdoba bedeutete für dessen weitere Existenz eine weit realere Gefahr. Im Jahre 777 bot sich Karl die trügerische Möglichkeit, in dieses Kräftespiel einzugreifen. Es sind die nachfolgenden Ereignisse, die den Stoff für das Rolandslied und seine Varianten lieferten.

Im Frühsommer des Jahres 777 hatte der Frankenkönig zu einer Reichsversammlung nach Paderborn geladen, bei der vor allem sächsische Angelegenheiten behandelt werden sollten. Doch auch eine gewiss exotisch anmutende Delegation hatte die Reise nach Westfalen angetreten. Angeführt von Suleiman Ibn al-Arabi, dem Statthalter von Saragossa, ersuchten die Gegner des Emirs von Córdoba Karl um militärische Unterstützung. Den überarbeiteten Reichsannalen zufolge, unterstellte al-Arabi die von ihm beherrschten Städte Barcelona und Gerona dem fränkischen Herrscher.[34] Es trifft wohl den Kern von Karls Motivation, sich auf eine militärische Unternehmung jenseits der Pyrenäen einzulassen, wenn die gleiche Quelle auf die Hoffnung des Herrschers verweist, einige Städte der Iberischen Halbinsel einnehmen zu können.

Die späteren Metzer Annalen fügten diesen rein weltlichen Interessen einen religiösen Aspekt hinzu. Laut ihren Ausführungen folgte Karl der Große einem Hilferuf der Christen, die angeblich unter dem Joch der Mauren zu leiden hätten. Zwar erfreuten sich Christen unter muslimischer Herrschaft nicht der gleichen Rechte wie die Muslime, doch durften sie ihre Religion unter einigen Auflagen weiterhin ausüben. Das sogenannte *ḏimma*-Recht, das sich seit der Ausbreitung des Islam entwickelte und den Umgang mit Andersgläubigen regelte, sicherte ihnen gegen Zahlung einer Kopfsteuer (arab: *ğizya*) den Schutz von Leib und Leben zu. Um vollständig am gesellschaftlichen Leben teilhaben zu können, war allerdings eine Konversion zum Islam nötig. Viele machten von dieser Möglichkeit Gebrauch und selbst jene, die nicht konvertierten, übernahmen im Laufe der Zeit die arabische Sprache und viele Lebensgewohnheiten der Muslime. Nicht zuletzt daraus resultierte ihre Bezeichnung als *Mozaraber,* die „Arabisierten". Dennoch gibt es auch Zeugnisse für Christen, die aufgrund ihrer Lebenssituation muslimisch beherrschtes Gebiet verließen. Exemplarisch steht hierfür die Erlaubnis zur Ansiedlung einer Gruppe christlicher Flüchtlinge aus dem omaijadischen Emirat von Córdoba in der Spanischen Mark durch Ludwig den Frommen, Karls Sohn und Nachfolger auf dem Thron. Diese *hispani,* so heißt es im Text des auf den 1. Januar 815 datierten Kapitulars waren „*vor der Unterdrückung und dem grausamen Joch geflohen, das die Sarazenen den Christen auferlegten.*"[35]

Erfolge kennzeichneten die bisherige Herrschaft Karls des Großen, als die Gesandtschaft von der Iberischen Halbinsel ihr Ersuchen um fränkische Unterstützung in Paderborn vortrug. Er herrschte allein im Reich, hatte Aquitanien befriedet, sich die eiserne Krone des Langobardenreiches auf sein Haupt gesetzt und nun auch die widerspenstigen Sachsen unterworfen. Ein Zug über die Pyrenäen verhieß die Aussicht auf Rückgewinnung einiger Städte aus muslimischer Hand für die Christenheit sowie die Möglichkeit zur Kontrolle der Basken. Zudem fand die Unternehmung den regen Zuspruch des Papstes. Das Jahr 777 neigte sich seinem Ende zu, als der Frankenkönig ein Heer sammelte und gen Süden aufbrach. Das Weihnachtsfest verbrachte er in der Pfalz Doucy in Lothringen. Im Frühjahr 778 überquerte der Herrscher mit seinem Heeresaufgebot die Pyrenäen, ohne auf militärischen Widerstand zu stoßen. Das Kontingent wurde verstärkt durch ein zweites Heer aus Burgund, Austrien, Bayern, der Provence und Septimanien. Die Streitmacht vereinigte sich vor Saragossa. Doch die Stadt hielt stand. Zudem hatte sich die Allianz der rebellischen Statthalter inzwischen in Nichts aufgelöst. Dem bislang so erfolgsverwöhnten Karl blieb nur der Abzug. Den Reichsannalen zufolge unterwarf der Herrscher auf seinem Rückweg aber die spanischen Basken und die Einwohner von Navarra. Die Mauern des von Basken bewohnten Pamplona wurden geschleift, weil sich die Stadt den Franken widersetzt hatte. Doch nicht genug damit, dass die erhofften Eroberungen ausgeblieben waren. Karls militärischer Ausgriff auf die Iberische Halbinsel endete am 15. August 778 nahe von Roncesvalles, einem Passort in den Pyrenäen, in einem Desaster. Einhard berichtet darüber ungeschönt im 9. Kapitel seines Werkes:

*„Auf dem Rückmarsch über die Pyrenäen musste er aller-
dings noch die Treulosigkeit der Basken erleben. Diese
Gegend ist wegen ihrer dichten Wälder für Überfälle aus
dem Hinterhalt sehr geeignet. Als das Heer – die engen Berg-
pfade ließen es nicht anders zu – in einer langen Reihe
daherzog, griffen die Basken, die sich auf einer sehr hohen
Bergspitze als Hinterhalt postiert hatten, die hinterste
Gepäckabteilung und die sie schützende Nachhut an und
drängten sie, von oben herabstürzend, ins Tal hinab."*

Einhard führt aus, dass in dem anschließenden Gemetzel alle
Franken niedergemacht wurden. Unter den Opfern nennt er
den königlichen Truchsess Eggihard, den Pfalzgrafen Anselm
und den Markgrafen von der Bretagne namens Hruodland. Dies
bleibt die einzige Erwähnung jenes „Roland", der im französischen Rolandslied einige Jahrhunderte später zum Helden von
Roncesvalles stilisiert wurde.

In dieser legendenhaften Tradition erscheinen die Ereignisse um Karls Heereszug auf die Iberische Halbinsel in einem
völlig anderen Licht als in den zeitgenössischen Quellen. Die
Basken werden hier zu Mauren. Der ansonsten unbekannte
Markgraf Hruodland verwandelt sich in den jungen Helden
Roland. So berichtet das Rolandslied von dem verschlagenen
„Maurenkönig" Marsilie, der über Saragossa herrscht und sich
anfangs den Christen wie auch Karl gegenüber freundlich
gesonnen zeigt. Nachdem sich aber seine Macht gefestigt hat,
wendet sich das Blatt. Marsilie wird zum blutrünstigen Unter-
drücker der Christen, der Kirchen zerstört und Zwangskonver-
sionen durchführt. In ihrer Not wenden sich die Unterjochten
an Karl.

*„Als der Kaiser [sic!] die schlimmen Nachrichten aus Spa-
nien hörte, fuhr er in wildem Schmerz, rasend vor Grimm,
von seinem Throne empor und rief: Diese Schmach werde*

ich rächen, beim ewigen Gott! Die ganze Macht meines Rei-
ches will ich nach Spanien werfen, Marsilie und die Heiden
sollen mir ihre Untat büßen!"[36]

Umgehend sammelt der Herrscher seine mutigsten und treues-
ten Gefolgsleute um sich: den „streitbaren" Erzbischof Turpin,
die jungen Helden Roland und Oliver, die Grafen Walther und
Otto sowie den listigen Ganelon. Roland, der als Neffe Karls
bezeichnet wird, führt stets sein unzerbrechliches Schwert
Durendart sowie sein Horn Olifant bei sich, dessen Klang über
Meilen wie der „Donner des Himmels" zu hören war. Der Zug
nach Spanien beginnt. Um den Waffengang doch noch zu ver-
meiden schickt der ebenso weise wie edelmütige Karl noch
einmal Gesandte zu Marsilie, die dieser jedoch ermorden lässt.
Nun schreitet der Herrscher zur Tat. Nach und nach erobert er
die Städte der Muslime, bis einzig noch Saragossa übrigbleibt.
Der Gesandtenmord macht Verhandlungen schwierig, aber
Marsilies Berater verstehen es, den habgierigen Ganelon mit
den für einen Frieden angebotenen Schätzen zu blenden und
schließlich zum Verrat zu bewegen. Ganelon, der seinem Stief-
sohn Roland schon länger nach dem Leben trachtet, unterbrei-
tet Karl das vermeintliche Angebot Marsilies, künftig Frieden
mit den Christen zu halten und Tribut zu zahlen. Bedingung ist,
dass Karls Hauptheer sich wieder in das Frankenreich zurück-
zieht. Auserlesene Männer, darunter Erzbischof Turpin, Roland
und Oliver, sollen zurückbleiben und darauf achten, dass die
Mauren ihr Wort hielten.

Am Pass von Roncesvalles nimmt die Schar Abschied vom
fränkischen Hauptheer. Kaum ist dieses abgezogen, fallen die
Mauren über die Zurückgebliebenen her. Erst in höchster Not,
als alles bereits verloren scheint, greift der tapfere Roland endlich zu Olifant und stößt in das wunderbare Horn. Schnell lässt
Karl das Heer wenden, kommt jedoch zu spät. Ganelon behaup-

tet, Seite an Seite mit den Paladinen gestritten zu haben. Karl aber schöpft Verdacht und lässt ihn in Ketten legen. Das fränkische Heer verfolgt Marsilie und nimmt Rache. Marsilie wird im Kampf getötet. Schließlich verhandelt der Kalif, den erst jetzt Kunde von Marsilies Verhalten erreicht hat, mit Karl über den Frieden. Bedingung ist, dass Christen in Zukunft einträchtig mit den Muslimen auf der Iberischen Halbinsel leben können. Nachdem solches versprochen wird, sorgt Karl dafür, dass die Gebeine der Gefallenen von Roncesvalles in ihre Heimat überführt werden. Zurückgekehrt nach Aachen hält der Herrscher Gericht über den Verräter Ganelon. Dieser wird für schuldig befunden und hingerichtet.

Tatsächlich blieb Karl keine Möglichkeit, sich an den Basken zu rächen. Dieses Unvermögen entschuldigt Einhard elegant mit einem Verweis auf das spurlose Verschwinden des heimtückischen Gegners. So schließt er seinen Bericht mit den Worten: *„Bis heute konnte das Geschehen nicht gerächt werden, da der Feind nach vollbrachter Tat sich so weit verstreute, dass nicht einmal ein Gerücht blieb, wo in aller Welt er zu finden sei."* Wie wohl kein anderes Ereignis der Geschichte haben der fehlgeschlagene Feldzug auf die Iberische Halbinsel und die Katastrophe von Roncesvalles eine Umdeutung erfahren, hinter der im Laufe der Jahrhunderte das eigentliche Geschehen nahezu vollständig verschwunden ist.

Die muslimische Herrschaft auf der Iberischen Halbinsel wie auch die aufständischen Basken sollten Karl den Großen auch weiterhin beschäftigen. Im Jahre 785 nahm er kampflos Gerona ein und rückte 789 in die Provinzen Urgell und Cerdagne vor. Einige Jahre später knüpfte er zudem an den diplomatischen Austausch mit den Abbasidenkalifen an, den sein Vater Pippin nahezu vier Jahrzehnte zuvor angestoßen hatte. Diese Gesandtenreise ist untrennbar verbunden mit einer der bekanntesten Anekdoten über die Herrschaft Karls des Großen, der Geschichte des weißen Elefanten Abu al-Abbas. Nur abendländische Quellen, darunter das Werk des bereits mehrfach genannten Einhard, berichten von der Gesandtschaft unter der Führung zweier ansonsten unbekannt gebliebener Männer namens Lantfrid und Sigismund.[37] Isaak, möglicherweise ein jüdischer Fernhändler, begleitete die Gruppe wohl als Dolmetscher. Leider schweigt die Überlieferung zum weiteren Verlauf der Reise von Aachen in das Zweistromland. Lantfrid und Sigismund kehrten nie wieder ins Frankenreich zurück, sie starben unterwegs. Vier Jahre nach ihrem Aufbruch landete Isaak 801 mit einem Schiff in Porto Venere. Neben zahlreichen Geschenken Harun ar-Raschids führte er einen Elefanten namens Abu al-Abbas mit sich. Durch das exotische Präsent verzögerte sich Isaaks Eintreffen in Aachen bis zum 20. Juli 802. Während des Winters wagte er nicht, mit dem Tier die Alpen zu passieren. Noch bevor Karl seine Geschenke in Empfang nehmen konnte, traf er selbst 801 zwischen Ivrea und Vercelli, unweit des Großen St. Bernhard, mit einer Gesandtschaft Harun ar-Raschids zusammen. Diese brach 802 zur Rückreise ins Zweistromland auf. Ergebnis des Austausches war die wohlwollende Zusage Haruns, die Christen Jerusalems zu schützen.[38] Konkrete politische Auswirkungen, so etwa die Koordination eines gemeinsamen Vorgehens gegen das Emirat von Córdoba, zeitigte dieser diplomatische Verkehr allerdings nicht. Er ist vielmehr ein Beispiel dafür, dass Karl gewiss kein antimuslimischer Gottesstreiter war. Vielmehr bestimmte ein politischer Pragmatismus sein Handeln über Glaubensgrenzen hinweg, den durch die Person des Harun ar-Raschid ein märchenhafter Hauch von „Tausendundeiner Nacht" vernebelt.

Weihnachten 800.
Ein Kaiser wird gekrönt

Wenn aus dem Geschichtsunterricht überhaupt ein Datum zu einem mittelalterlichen Ereignis im Gedächtnis bleibt, dann zumeist das der Kaiserkrönung Karls des Großen am Weihnachtsfest des Jahres 800 in Rom. Dieser Akt beeinflusste nachhaltig die weiteren politischen Geschicke des mittelalterlichen Abendlandes. Mehr als dreihundert Jahre nachdem das weströmische Kaisertum im Ansturm der Völkerwanderung untergegangen war, erstand es nun mit Karls Krönung von neuem – wenngleich nicht zuletzt wegen gewandelter gesellschaftlicher wie politischer Strukturen in anderer Form. Diese Wiederbelebung begründete zugleich einen Dauerkonflikt mit den oströmischen Kaisern in Byzanz, die sich schon aufgrund ihrer ungebrochenen Herrschaftskontinuität als die einzigen wahren Erben des *Imperium Romanum* verstanden. Die Bedeutsamkeit der Kaiserkrönung Karls wird nicht zuletzt im Spiegel der mittelalterlichen Geschichtsschreibung – etwa bei Frutolf von Michelsberg am Ende des 11. Jahrhunderts und bei Otto von Freising vierzig Jahre später – deutlich, die das Motiv über Jahrhunderte immer wieder aus älteren Darstellungen aufgenommen und dabei nuanciert dem jeweiligen Zeitgeist angepasst hat. In den fränkischen Reichsannalen wird das bedeutende Ereignis nur kurz behandelt. Darin heißt es hierzu, Karl habe sich am Weihnachtstag gerade vom Gebet am Grab des Apostels Petrus erhoben, als ihm der Papst Leo die Krone auf das Haupt gesetzt habe. Begleitet wurde die Krönung dem Bericht der Annalen zufolge von einer Akklamation durch die Römer, die gerufen hätten: „*Dem erhabenen Karl, dem von Gott gekrönten, großen und friedliebenden Kaiser der Römer Leben und Sieg!*" Der Text fährt fort, dem Gekrönten sei „*nach der Sitte der alten Kai-*

ser" (*more antiquorum principum*) durch einen Kniefall gehuldigt worden. Karl habe seinen älteren Titel eines *patricius* abgelegt und werde fortan Kaiser und Augustus genannt. Die Anknüpfung an das traditionelle römische Zeremoniell wird in den Annalen überdeutlich. Karl erscheint demnach nicht mehr allein als Kaiser des Westens. Vielmehr sei nunmehr die Nachfolge des Reiches von den Griechen allein auf die Franken übergegangen.

Einhard schildert seinen Herrscher als Kaiser wider Willen.[39] Er berichtet, dass Karl sich nach Rom begeben habe, um den Papst zu schützen. Dies entsprach seinen älteren Verpflichtungen als *patricius* und Schutzherr der Römer. Seine Feinde hätten Papst Leo geblendet und ihm die Zunge herausgerissen, weiß Einhard zu erzählen. Tatsächlich hatten seine Gegner das Kirchenoberhaupt in den Kerker geworfen, aus dem ihm die Flucht geglückt war. Aufgrund der Zwistigkeiten in Rom hatte sich Leo nämlich 799 eilends zu Karl nach Paderborn begeben. Einige Monate vor Karls Romaufenthalt fand also ein Treffen zwischen dem Herrscher und Papst Leo statt. Bei dieser Begegnung zeigte der Oberhirte keinerlei Spuren der ihm widerfahrenen Peinigungen. Sorgsam ließ er verlautbaren, ein Wunder habe ihm Zunge und Augenlicht wiederbeschert. Doch so recht mochten wohl schon die Zeitgenossen nicht glauben, dass die körperliche Unversehrtheit des in seinem Lebenswandel als Papst nicht eben unumstrittenen Leo durch göttliches Zutun wiederhergestellt wurde. Es ist heute unbestritten, dass die spätere Kaiserkrönung hier bereits zwischen dem Herrscher und Leo vereinbart wurde. Einhard schildert die Geschehnisse jedoch anders, um die Bescheidenheit und Weisheit Karls, Inbegriff eines idealen Herrschers, zu unterstreichen. So habe der Frankenkönig den ganzen Winter in der Stadt verbracht und sich am Weihnachtsfest zum Gebet ans Petrusgrab begeben.

Der Verfasser unterstreicht, Karl hätte das Gotteshaus trotz des hohen Feiertages nicht aufgesucht, wenn er von der Absicht des Papstes gewusst hätte, ihn zum Kaiser zu krönen. Durchaus bewusst waren sich Einhard wie seine Zeitgenossen, dass die Kaiserkrönung zwangsläufig zu Verwicklungen mit Byzanz führen musste. So unterstreicht er, der oströmische Kaiser habe die Krönung Karls äußerst übel genommen. Die Wiederrichtung des Kaisertums im Westen bedeutete einen tiefen Einschnitt in den weiteren Beziehungen zwischen Byzanz und dem Abendland. Karls Krönung legte hierfür den Grundstein.

Der „Erfinder der Schule". Wissenschaft und Bildung am Hof Karls des Großen

„Wer hat die verrückte Idee gehabt, die Schule zu erfinden? Das war der heilige Karl der Große", heißt es in einem weithin bekannten französischen Gassenhauer. Spöttelnd wird dem Herrscher eine weitere „Großtat" zugeschrieben, die beiderseits des Rheins im Gedächtnis geblieben ist. Bildungseinrichtungen wie etwa die Domschule in Osnabrück rühmen sich heute gern ihrer jahrhundertealten Tradition, die bis in die Zeit des großen Frankenkönigs zurückreichen soll. Neben der Bewertung Karls als eines Vorkämpfers schulischer Bildung hat sich paradoxerweise aber auch das gegensätzliche Bild des Herrschers als eines Analphabeten in die Erinnerung eingegraben. Bevor im Weiteren die Rolle Karls bei der Einrichtung von Schulen näher betrachtet wird, wollen wir uns zunächst dieses Aspekts annehmen. Es hängt mit der weithin geläufigen Vorstellung zusammen, dass Karl anstelle einer Unterschrift zur Beglaubigung von

Urkunden lediglich den sogenannten Vollziehungsstrich in sein bekanntes, kreuzförmig aus den Buchstaben KAROLVS angeordnetes Monogramm eingesetzt habe. Dieser Umstand wiegt in der Bewertung von Karls Schreibfähigkeit umso schwerer, als die merowingischen Herrscher ihre Briefe und Urkunden sehr wohl eigenhändig unterzeichneten. Gleiches gilt für den byzantinischen Kaiser oder den Papst. Doch im Falle Karls wich schon die graphische Ausgestaltung der Unterschrift, das Monogramm, von zuvor Üblichem ab.[40] So verwendete Karls Vater Pippin III. ein Kreuzeszeichen zur Beglaubigung von Rechtsgeschäften. Die daraus weiterentwickelte Form des kreuzförmigen Monogramms wies einen neuen Weg, den nachfolgende Herrscher übernahmen. Das markante Zeichen prägte sich leicht ein und diente so dem Zweck, dass auch leseunkundige Untertanen zweifelsfrei die „Unterschrift" ihres Herrschers erkennen konnten. Während sich die Könige später tatsächlich darauf beschränkten, den Vollziehungsstrich einzusetzen (was über deren Schreibfähigkeit nichts aussagt!), gestaltete Karl der Große nach den Erkenntnissen der historischen Forschung die aus den Vokalen seines Namens bestehende Mittelraute eigenhändig. Dass Karl der Große schreiben konnte, bezeugen nicht zuletzt die Ausführungen der *Vita Karoli Magni*. Wie Einhard beschreibt, tat sich der Herrscher darin allerdings ziemlich schwer:

> *„Auch zu schreiben versuchte er und pflegte deswegen Tafel und Büchlein im Bett unter dem Kopfkissen mit sich zu umherzuführen, um in müßigen Stunden seine Hand an die Gestaltung der Buchstaben zu gewöhnen. Indes brachte er es hierin mit seinen Bemühungen nicht weit, da er zu spät angefangen hatte."*

Die Schrift, die dem Herrscher so viel Mühe bereitete war die karolingische Minuskel. Ihre Einführung als neuer, einheitlicher Schrift war grundlegender Bestandteil der „karolingischen Renaissance".[41] In der weiteren Entwicklung fand die karolingische Minuskelschrift weite Verbreitung im Abendland und spielte eine wichtige Rolle für die Verwaltung. Im Spiegel der an der Aachener Hofkapelle wie in den klösterlichen Skriptorien gefertigten Dokumente lässt sich der Durchbruch der neuen Schrift erkennen.

Ging dem Herrscher das Schreiben schwer von der Hand, so fand er offenbar leichter Zugang zu anderen Bereichen der Bildung. Einhard berichtet, dass Petrus von Pisa den Frankenkönig in Latein und Grammatik unterrichtete. Der berühmte angelsächsische Gelehrte Alkuin brachte Karl die Rhetorik, Dialektik und Astronomie nahe. Dem Bericht Einhards zufolge, der später als Leiter der unter Karls Herrschaft eingerichteten Aachener Hofschule wirkte, legte der König großen Wert auf die Erziehung seiner Söhne und Töchter in den Wissenschaften.[42] Die Ausbildung der Königskinder begann also mit dem Studium von Büchern. Erst später, nachdem sie ein entsprechendes Alter erreicht hatten, trat neben die Bildung die Aneignung praktischer, für potentielle Thronfolger unentbehrlicher Kenntnisse, dieses Mal allerdings getrennt nach Geschlecht. So übten sich die Söhne *„nach Sitte der Franken"* im Reiten, in der Jagd und in der Handhabung von Waffen. Karls Töchter beschäftigten sich hingegen mit *„Wollarbeiten"*, Spinnrädern und Spindeln.

Den Ausgangspunkt für die Verbreitung von Wissenschaft und Bildung im Frankenreich bildeten die sogenannte „Allgemeine Ermahnung" (*Admonitio generalis*) und das Schreiben „Über die Pflege der Wissenschaften" (*De litteris colendis*) aus dem Jahre 789. In dem darauf gestützten Reformprogramm ging es zunächst einmal um die Notwendigkeit zur Überarbeitung religiöser Texte. Fehler, die sich durch unge-

naue Abschriften der für authentisch erachteten Überlieferung heiliger Schriften, sprachliche Mängel und Missver-
ständnisse eingeschlichen hatten, sollten umfassend
korrigiert werden. Daneben aber zielte dieses Reformprogramm darauf ab, den Schulbetrieb verstärkt aufzunehmen
und an spätantike Bildungsideale anzuknüpfen. Grundlage
hierfür war die Vermittlung der sogenannten sieben freien
Künste (*artes liberales*), bestehend aus dem Trivium mit
Grammatik, Rhetorik und Dialektik sowie dem Quadrivium,
das die Geometrie, Arithmetik, Astronomie und Musik
umfasste. An diesem Modell orientierte sich der Unterricht
an den nun eingerichteten Kloster- und Domschulen. Sie
widmeten sich anfangs vor allem den Künsten des Triviums.
Unterrichtet wurden ausschließlich Knaben, Laien allerdings
ebenso wie künftige Mönche und Weltgeistliche. Die karolingische Bildungsreform hatte noch eine andere nachhaltige
Wirkung: Sie sicherte das Überleben des Lateinischen als
Sprache der Liturgie, des Rechts, der Verwaltung und der
Wissenschaft bis weit in die frühe Neuzeit hinein. Dies war
zugleich „das offensichtlichste Symbol für die kulturelle Kontinuität zu der römischen Vergangenheit."[43]

... und Europa?

Im Jahre 1949 wurde in Aachen, der einstigen Residenz des
legendären Herrschers, der „Karlspreis" für besondere Verdienste um die „abendländische Einigung" in Politik, Wirtschaft und Kultur gestiftet. Im Text der Proklamation ist dabei
von Karl dem Großen als „dem Begründer der abendländischen Kultur" die Rede.[44] In der Nachkriegszeit wurde der

Frankenherrscher nun vor allem zu einem „Vater Europas" stilisiert. Eine Vorstellung, die für das heutige Karlsbild noch immer prägend wirkt. Die ersten Träger des Karlspreises, darunter 1954 der deutsche Bundeskanzler Konrad Adenauer, unterstrichen in ihren Dankesreden die Rolle Karls für das Werden Europas. Der Kaiser wurde in den 1950er Jahren zum Sinnbild der von Adenauer und de Gaulle begründeten Annäherung zwischen Deutschland und Frankreich. Dabei diente dieser „Karlskult einem Mythos, der sich wissenschaftlicher Begründung weithin entzog, will doch der Mythos geglaubt und nicht begründet sein".[45]

Für Karl den Großen und seine Zeitgenossen spielten so abstrakte und groß dimensionierte Räume wie „Europa" – welche Gestalt man diesem auch zubilligen mag – noch keine große Rolle.[46] Bis in das Zeitalter der Kreuzzüge im ausgehenden 11. Jahrhundert, mit denen sich das abendländische Weltbild erweitern sollte, beschränkte sich das Lebensumfeld auf geographisch wie sozial enge Grenzen. Die Zugehörigkeit zu einem Haushalt, einer Dorfgemeinschaft, einer Pfarrei oder eine Grundherrschaft prägte die Identität. Entfernungen waren unbestimmte Größen. Noch fehlten Karten, die verzeichneten, wie weit es bis zu einem bestimmten Ort war oder die den genauen Weg dorthin wiesen. Zwar berichtet ein Chronist aus dem spanischen Toledo vor dem Hintergrund des fränkischen Sieges bei Tours und Poitiers über die Muslime im Jahre 732 von den *Europenses*, doch meinte er damit wohl nur die Franken, die aus seiner iberischen Sicht jenseits der Pyrenäen auf dem Kontinent lebten. Mit unseren heutigen Vorstellungen darüber, wer „Europäer" ist, deckt sich dieses Bild keinesfalls.[47] Und auch heute zeigen die hitzigen Diskussionen über eine Aufnahme weiterer Mitgliedsstaaten, insbesondere der Türkei, in die Europäische Union, dass diese Frage eine offene ist und je nach Definition unterschiedlich beantwortet werden kann. Fest steht, dass die Gestalt von Räumen wie „Europa" im Laufe der Zeit durchaus Veränderungen unterworfen ist. Karl der Große war Herrscher über ein großes Frankenreich, in dem unterschiedliche Völkerschaften lebten. Es erstreckte sich in etwa von der Grenze des heutigen Dänemark bis in den Süden des italienischen Stiefels und von der Warthe, über die Bretagne bis zum Rand der Pyrenäen. Die diplomatischen Kontakte reichten über diesen Kreis hinaus, umfassten die Britischen Inseln und griffen bis ins ferne Bagdad aus. Das Frankenreich bildete den geografischen Kern der Länder, die heute zur Europäischen Union zählen. In manche von ihnen, so nach Skandinavien und in das Baltikum, gelangte das heute in den Staaten der EU vorherrschende Christentum erst nach Karls Tod. All die Regionen, die das Frankenreich ausmachten, haben in unterschiedlichem Maß von den Errungenschaften karolingischer Herrschaft profitiert, für die die Kirche als eine grundlegende Stütze wirkte, so von Verwaltung, Recht und Bildung. Es sind diese Errungenschaften, die über das Mittelalter hinauswirkten und ihren Teil zu den reichen Legenden um Karl den Großen beitrugen.

FRIEDRICH I.

Der Kaiser mit dem roten Bart

Der schlafende Kaiser

„Der alte Barbarossa, der Kaiser, Friederich, im unterirdischen
Schlosse hält er verborgen sich. Er ist niemals gestorben, er lebt
darin noch jetzt; er hat im Schloss verborgen zum Schlaf sich
hingesetzt. Er hat hinab genommen des Reiches Herrlichkeit,
und wird einst wieder kommen mit ihr, zu seiner Zeit",
heißt es in dem berühmten Gedicht *Kaiser Rotbart* von Friedrich
Rückert (1788–1860) aus dem Jahre 1817.[1] Unter dem Eindruck
der Befreiungskriege gegen Napoleon entstanden, spiegelt sich
darin die zeitgenössische Sehnsucht nach einem starken, unter
der Zentralgewalt eines guten Herrschers geeinten Deutschen
Reiches. Zum idealen Herrscher verklärt, der zu Lebzeiten für
Frieden wie Wohlergehen seiner Untertanen gesorgt hatte und
der bis zu seiner Rückkehr in einem unterirdischen Schloss im
Kyffhäuser schlief, erfreute sich Friedrich I. Barbarossa gerade
in der ersten Hälfte des 19. Jahrhunderts großer Beliebtheit bei
Dichtern und Denkern. Hoffmann von Fallersleben (1798–1874),
von dem der Text der deutschen Nationalhymne stammt, wid-

mete sich dem schlafenden Kaiser ebenso wie Ernst Moritz Arndt (1769–1860) oder Heinrich Heine (1797–1856). Schließlich machten auch die Gebrüder Grimm die Legende vom Herrscher im Kyffhäuser populär. In ihrer 1816 verfassten Version heißt es, man erzähle sich, der Kaiser lebe bis zum Jüngsten Tage und kein rechter Herrscher folge ihm mehr nach. An dem Tag, an dem er endgültig aus dem Schoß des Berges wieder hervorkomme, werde er seinen Schild an einen dürren Baum hängen, der alsbald wieder grüne und als Zeichen für den Anbruch besserer Zeiten stehe. Derweil ließe er sich nur gelegentlich außerhalb des Berges sehen und schlafe für gewöhnlich auf einer Bank, den Kopf auf seine Hand gestützt. Während manche sagen, der Bart sei durch den Tisch hindurch gewachsen, berichten andere, er winde sich bis zu seinem Erwachen dreimal um diesen herum, zweimal seien es jetzt bereits. Einmal habe der Herrscher eine Melodie vernommen, die ein Schäfer pfiff. Auf des Kaisers Geheiß brachte ein Zwerg den musikalischen Hirten zu Barbarossa, der fragte: „Fliegen die Raben um den Berg?" Nachdem der Schäfer dieses bejahte, sprach der Kaiser, nun müsse er noch einhundert Jahre lang schlafen.

Die Herrschergestalt Friedrich Barbarossas, des Kaisers mit dem roten Bart, ist in heutigen Vorstellungen unmittelbar mit diesen Bildern verknüpft. Ein bekanntes Gesicht verleiht ihm das 1890 begonnene und 1896 vollendete Nationaldenkmal des schlafenden Kaisers auf dem Kyffhäuser wie auch das bekannte Reiterstandbild vor der Goslarer Pfalz. Hoch zu Ross steht Kaiser Friedrich I. dort neben Kaiser Wilhelm I. mit seiner Pickelhaube auf dem Kopf. Bewusst stellte sich der Preußenkönig so in die Tradition des Stauferherrschers, was den Schriftsteller Felix Dahn (1834–1912), Autor des bekannten Historienromans *Ein Kampf um Rom,* in Anspielung auf die rote Bartzierde des Stauferkaisers dazu veranlasste, Wilhelm I. als „Barbablanca" zu bezeichnen.[2] Dabei ist Friedrich I. im Laufe der Geschichte eigentlich das Opfer einer abenteuerlich anmutenden Verwechslung geworden. Folgen wir deren Spur zurück aus dem Schoß des Kyffhäusers.

Vivit et non vivit.
Er lebt und er lebt nicht –
Prophezeiungen für einen Falschen

Die Verwechslung begann im 16. Jahrhundert, im Zeitalter der Reformation. Im Jahre 1519 erschien im *Volksbüchlein vom Kaiser Friedrich* erstmals die Legende vom schlafenden Kaiser im Kyffhäuser mit dem Bezug auf Barbarossa. Bis zu dieser Zeit war die Vorstellung vom entrückten Kaiser im Berg verbunden mit dessen Enkel Friedrich II. Das Legendenmotiv vom Herrscher im Berg war dabei keineswegs neu. In den bisherigen Ausführungen sind uns mit Karl dem Großen und dem sagenumwobenen König Artus schon zwei Beispiele für solche Entrückungen begegnet. Dabei spielen Berge aufgrund der naturräumlichen Verhältnisse auf dem Kontinent eine weit größere Rolle als Entrückungsorte denn auf den Britischen Inseln. So wird König Artus in der insularen Erzähltradition auf das geheimnisvolle, von Wasser umgebene Avalon entrückt. In kontinentalen Varianten aber wird bisweilen der Vulkan Ätna, der den Sizilianern seit jeher als Sitz der Helden galt, zum Ort seiner Entrückung.[3] Karl der Große hingegen soll der Tradition zufolge im Untersberg bei Salzburg auf seine Wiederkehr warten.

Wieso in der Legendentradition schließlich Friedrich I. seinen Enkel beim Schlaf im Kyffhäuser ablöste, bleibt letztendlich Spekulation. Einen Grund mag zunächst einmal die Namensgleichheit der beiden Staufer bieten. Ausschlaggebend war aber, dass Friedrich II. vornehmlich durch seine sizilianische Herkunft geprägt und der deutschen Sprache wohl nicht wirklich mächtig, in der Erinnerung des deutschsprachigen Reichsgebiets keinen dauerhaften Platz einnehmen konnte. Ungeachtet der unterschiedlichen Bewertungen seiner Herrschaft durch die Historiker, steht fest, dass Friedrich I. in dem als Blütezeit betrachteten 12. Jahrhundert „der letzte deutsche Kaiser des Mittelalters war, der mit größter Konsequenz – wenn auch oft mit fragwürdigen Mitteln – den universalen Anspruch des Reiches verfolgte."[4] Dieses erstreckte sich weit über die deutschsprachigen Gebiete hinaus bis in den Süden des italienischen Stiefels mit dem Königreich Sizilien, im Osten mit dem vom Reich lehensabhängigen Herzogtum Schlesien bis in die Nähe von Krakau, im Westen mit dem Königreich Arelat die Rhône entlang bis zu den Grenzen der Provence im heutigen Frankreich und im Norden über ganz Friesland. Bei seinem Tod hinterließ Friedrich seinem Thronfolger Heinrich VI. († 1197) ein geordnetes Reich, in dem der innere Friede gesichert war.[5] Fraglos hat dies die Erinnerung an den Herrscher besonders nördlich der Alpen geprägt.

Verstärkend für seine Identifizierung mit der Legende vom schlafenden Kaiser wirkte möglicherweise, dass Friedrich I. im Gegensatz zu seinem Enkel eigentlich keine Grablege besaß. Als Anführer eines deutschen Heeres auf dem dritten Kreuzzug war der legendäre Herrscher mit dem roten Bart am 10. Juni 1190 im Fluss Saleph ertrunken. Während ein Teil des Heeres nach diesem Schicksalsschlag die Rückreise antrat, marschierte die Mehrheit weiter gen Jerusalem.[6] Herzog Friedrich von Schwaben, der Sohn Barbarossas, war zum neuen Anführer des Unternehmens gewählt worden. Den Leichnam des Kaisers nahm man wohl in der Absicht mit, diesen in der Jerusalemer Grabeskirche zu bestatten. Angesichts der Gluthitze des levantinischen Sommers war dies kein leichtes Unterfangen. In Seleucia ließ Friedrich von Schwaben den toten Körper seines Vaters für den Weitertransport einbalsamieren. Einige Tage später wurden im kleinasiatischen Tarsos, der Stadt des Apostels Paulus, die Eingeweide des verstorbenen Kaisers wahrscheinlich im Dom des heiligen Paulus und der heiligen Sophia beigesetzt. Während ein Teil der Truppen kurz nach Seleucia die Weiterreise per Schiff angetreten hatte, zog Herzog Friedrich von Schwaben mit seinem Kontingent über Land weiter. Bald nachdem man Tarsos verlassen hatte, brach eine Infektionskrankheit im Heer aus, die auch den Anführer nicht verschonte. Dezimiert erreichten die Kreuzfahrer schließlich die mächtige Stadt Antiochia, das heutige Antakya. Der zeitgenössischen, von der Kirche mehrfach verurteilten Sitte gemäß wurde hier der Körper des toten Kaisers ausgekocht. Das Fleisch wurde in einem Marmorsarkophag in der Kathedrale von Antiochia links des Chores beigesetzt.

Wieder griff eine Seuche unter den Kreuzfahrern um sich. Viele prominente Teilnehmer wurden offenbar von der Ruhr dahingerafft. Angesichts der Umstände war kaum an eine Fortsetzung des Kreuzzuges zu denken. Doch Herzog Friedrich drängte weiter ins Heilige Land. Am 28. August 1190 segelte er mit den verbliebenen Kreuzzugteilnehmern von Tripolis nach Tyrus und reiste von dort weiter nach Akko. Anfang Oktober 1190 erreichte er mit den spärlichen Resten seines Heeres die Hafenstadt im heutigen Norden Israels. Ob er die Gebeine seines Vaters bis hierher mitführte, wird wohl für immer eine offene Frage bleiben. Die Spur der kaiserlichen Knochen verliert sich in Tyrus. Am 20. Januar 1191 starb Herzog Friedrich von Schwaben infolge einer Krankheit. Dem Bericht des arabischen Chronisten Abu Schama aus der Mitte des 13. Jahrhunderts zufolge, ließen die Christen des Heiligen Landes den neuen Kaiser Heinrich VI. wissen, dass die Gebeine seines Vaters sich noch immer in Tyrus befänden und ihrer Beisetzung in Jerusalem harrten. Heinrich VI. scheint indes kein Interesse am Verbleib der sterblichen Überreste seines Vaters gehabt zu haben. Mehr als siebenhundert Jahre nach den Ereignissen machte sich 1871 eine deutsche Forschergruppe auf Geheiß des Reichskanzlers Otto von Bismarck in der Kathedrale von Tyrus auf die Suche nach den Gebeinen des Stauferkaisers. Doch ihre Mission blieb erfolglos.

Der Kaiser ohne Grab bot also reichlich Anlass, ihn anstelle des bekanntermaßen in Palermo beigesetzten Friedrich II. im Kyffhäuser schlafen zu lassen. Zuvor existierten im Deutschen Reich anscheinend beide Varianten vom Kaiser im Kyffhäuser noch eine Zeit lang nebeneinander. Immerhin fiel alten Verheißungen zufolge das Jahr von Friedrichs II. erwarteter Wiederkehr mit der Reformation am Beginn des 16. Jahrhunderts zusammen, und Martin Luther erschien den Protestanten „als Rächer der Staufer in deutschem Namen" gegen das katholische Frankreich.[7] Noch im Laufe des Spätmittelalters verband sich die Hoffnung auf die Wiederkehr eines Kaisers, der für gerechte soziale Zustände sorgen würde, mit dem Namen Friedrichs II. Am Beginn der Idee von Friedrichs II. Entrückung und Wiederkehr stand die sibyllinische Prophezeiung über den Herrscher, er werde leben und zugleich auch nicht leben (*vivit et non vivit*). Gegner wie Anhänger des Kaisers, der – wie an anderer Stelle noch zu sehen sein wird – bereits zu Lebzeiten wie kein zweiter Herrscher unter seinen Zeitgenossen für Polarisierung gesorgt hatte, waren nur allzu gern bereit solchen Aussagen Glauben zu schenken. Am staufischen Hof machte die Erzählung die Runde, der Kaiser sei die im Westen untergehende Sonne, „die eine neue Sonne gezeugt und auch hinterlassen habe."[8] Gemeint war hiermit, dass der Kaiser in seinen Söhnen fortlebe. Inwieweit hier die altägyptischen, mit einem gottgleichen Königtum des Herrschers verbundenen Vorstellungen des Osiris-Mythos Pate gestanden haben, lässt sich wohl nicht gänzlich ergründen. Fest steht, dass an Friedrichs Hof in den späten Jahren seiner Regentschaft ein starkes Interesse am Sonnenkult bestand, Sinnbild des antiken Kaisertums. Doch dieses Gedankengut vermischte sich zeitgleich mit allerlei Gerüchten, die die Fantasie weiter ins Kraut schießen ließen. Dabei fanden mystische Traditionen aus verschiedenen Kulturen in einer eigenartigen Gemengelage zueinander. Sibyllinische Zaubersprüche des östlichen Mittelmeerraumes führten nebst messianischen Vorstellungen, angereichert mit Motiven der Artus-Literatur schließlich zur Legende vom entrückten Friedrich im Berg. So behauptete ein Mönch, er habe gesehen wie der Stauferkaiser im Ätna verschwunden sei. Feurige Ritter seien aus dem Vulkan heraus ins brausende Meer geritten.

Zehn Jahre nach dem Tod Friedrichs II. tauchte in Italien ein Mann auf, der sich als der wiedergekehrte Kaiser ausgab und mit seinen Behauptungen eine illustre Schar von Anhängern gewinnen konnte. Das gleiche Phänomen trat in verstärktem Maß auch nördlich der Alpen auf. Das sogenannte Interregnum, die herrscherlose Zeit, während derer sich die Menschen nach Wiederherstellung der Ordnung sehnten, bot den Hintergrund für eine ganze Reihe falscher Friedriche.[9] In Neuss scheute sich einer dieser vorgeblichen Herrscher nicht, König Rudolf von Habsburg zu einem Hoftag nach Frankfurt einzuladen, um ihm dort seine Königswürde zu bestätigen.[10] Der Betrüger endete als Ketzer und Zauberer verurteilt auf dem Scheiterhaufen, doch die Vorstellung von der Wiederkehr des wahren Friedrich II. erhielt durch die Vorgänge nur mehr neue Nahrung. Nördlich der Alpen war jedoch nicht der Ätna, sondern der Kyffhäuser in der Goldenen Aue über dem thüringischen Tilleda der Entrückungsort, nicht mehr Friedrich II., sondern Friedrich I. Barbarossa der schlafende Kaiser.[11]

RICHARD LÖWENHERZ

Der „gerechte" Kreuzfahrer

Abgerissen sieht die kleine Schar von Kreuzfahrern aus, die sich auf ihren Pferden dem edelmütigen Robin Hood und seinen Getreuen am Rande des Sherwood Forrest nähert. Die anschließende Szene ist durch zahllose Hollywood-Verfilmungen unsterblich geworden. Als die Geächteten des Waldes die Reiter nach ihrer Gewohnheit ihrer Barschaft zu erleichtern suchen, öffnet ein hochgewachsener, trotz der Strapazen der Reise tadellos aussehender Kreuzritter seinen weiten Mantel. Darunter wird der Wappenrock mit den drei liegenden Leoparden sichtbar, der seinen Träger unmissverständlich als König Richard I. Löwenherz ausweist. Er ist nach langer Abwesenheit vom Kreuzzug und aus österreichischer Kerkerhaft zurückgekehrt, um seinen angelsächsischen Untertanen Frieden und Gerechtigkeit zu bringen, die ihnen durch seinen Bruder Johann Ohneland so lange verwehrt geblieben waren.

Jeder kennt diese Geschichte des guten Königs Richard, der gleichsam als Geist durch den Handlungsrahmen schwebt und erst in der Schlussszene Gestalt annimmt. Gerade einmal eine Minute Film (wenn überhaupt!) prägten die landläufige Vorstellung des legendären englischen Königs. Diese ist weitgehend beeinflusst von den romantisierenden Mittelalterbildern des 19. Jahrhunderts. Zu dieser Zeit eroberte Richard unter den insularen Helden der Vergangenheit gewissermaßen einen Spitzenplatz. Durch die historischen Romane *Ivanhoe,* in dem auch Robin Hood eine Rolle spielt, sowie *Der Talisman* von Sir Walter Scott (1771–1832) wurde das Bild des guten und gerechten Herrschers für ein breites Publikum zementiert. Folge dieser Wiederentdeckung war nicht zuletzt die Erschaffung eines monumentalen Reiterstandbilds, das sich im Zuge einer umfassenden Sanierung Londons im neogotischen Stil nahtlos in das Gesamtgefüge einpasste.[1] Der italienische Bildhauer Baron Carlo Marochetti gestaltete Richard hoch zu Ross mit erhobenem Schwert und Krone auf dem Haupt für die Londoner Weltausstellung des Jahres 1851. Da die Statue sich als zu groß für die Ausstellungshalle erwies, musste sie vor dem Eingang platziert werden. Ein knappes Jahrzehnt später fand sie ihren endgültigen Ort vor dem Parlamentsgebäude, wo sie noch heute von den Touristenscharen bestaunt wird.

Längst nicht alle Zeitgenossen waren der Meinung, dass einem König aus düsterer Feudalzeit ein solches Denkmal gebühre. Während die einen den Herrscher als Tyrannen übelster Sorte brandmarkten, der den Untergang des angevinischen Reiches eingeläutet habe, hielten die anderen am idealisierten Bild Richards fest. Begeisterte Verfechter der Idee vom gerechten König regten sogar an, die sterblichen Überreste des Herrschers aus dem Kloster Fontevraud an der Loire auf die Insel überführen zu lassen. Der Plan scheiterte, und die Kontroversen um die Bewertung des Königs halten bis heute an. Folgen wir dem populärsten Legendenstrang, dem des edelmütigen Kreuzfahrers. Er bietet allein schon genügend Anknüpfungspunkte, um den Herrscher in einem durchaus facettenreichen Licht erscheinen zu lassen.

Ein Fremder auf dem englischen Thron

*„Tot ist der König, und tausend Jahre sind vergangen, seit
man sehen konnte, dass ein Mann so tapfer war. Und nie wird
es einen Mann geben, der ihm ähnlich, so weitherzig, nobel,
kühn und wunderbar. Alexander, der König der Dareios
besiegte, konnte, glaube ich, nicht soviel geben und vollbrin-
gen. Weder Karl noch Artus taten soviel. Vor aller Augen voll-
brachte er es, zur Furcht der einen, zum Jubel der anderen",*
beklagte der Troubadour Gaucelm Faidit in okzitanischer Sprache den Tod seines großen Gönners König Richard Löwenherz.[2]
Wenn ein mittelalterlicher Herrscher schon zu Lebzeiten nach
Kräften zur Schaffung seines eigenen Mythos beigetragen hat,
war es dieser englische König.[3] Das Bild, das er dabei von sich
selbst zu vermitteln suchte, war ein überaus zwiespältiges. Es
wurde zum einen von den idealtypischen Vorstellungen des
ritterlichen Königs auf dem Höhepunkt der Kreuzzugsbewe-
gung genährt, zum anderen durch mythisch-magische Ele-
mente. Heinrich II. († 1189), Richards Vater, hatte vor dem
Hintergrund der zur Mitte des 12. Jahrhunderts einsetzenden
Artus-Euphorie sein eigenes Haus in die Ahnenfolge des legendären Herrschers gestellt. Löwenherz und sein Bruder Johann
Ohneland knüpften durch ihre Behauptung, die berühmten
Schwerter der Tafelrunde zu besitzen, an diese Grundlagen an.[4]
Doch Richard mischte dem heiligen Glanz der Gralssucher auch
eine unheimliche Aura bei. *„Wir kommen vom Teufel her und wir
kehren dorthin zurück!"*, soll der König den Worten des zeitgenössischen Chronisten Giraud von Barri zufolge stets gesagt
haben, wenn er von seiner Familie sprach.[5]

Will man den Geschichtsschreibern glauben, so hatte
Richard schon 1174 am Hof von Poitiers selbst die Legende über
die Ehe seines Vorfahren Fulko Nerra verbreitet. Die noch heute

in Frankreich bekannte Sage erzählt von dem Grafen von Poitou, der sich mit einer geheimnisvollen Schönheit namens Melusine vermählt und mit dieser mehrere Kinder gezeugt hatte. Die Legende kennt mehrere Varianten darüber, wie der Graf schließlich das teuflische Geheimnis seiner Gemahlin entdeckte. In einer Version soll sie ihm strikt verboten haben, an solchen Tagen, an denen sie ihr Bad zu nehmen pflegte, ihre Kammer aufzusuchen. Als der neugierige Gatte einmal durch das Schlüsselloch spähte, erblickte er zu seinem Entsetzen seine geliebte Frau mit dem Rumpf einer Schlange. Die Fee Melusine floh daraufhin kreischend durch das Fenster. Gemäß einer anderen Version vermied die Angetraute stets den Besuch der Heiligen Messe. Als Fulko sie schließlich zum Gottesdienst zwang, sei sie im Augenblick der Eucharistie mit ihren Sprösslingen fliegend aus der Kirche geflohen. Der sogenannte Turm der Melusine in dem kleinen Städtchen Mervent ist heute einer der wenigen Überreste der gräflichen Burg. Angesichts des Schreckens, den die Vorstellung an das schlangenartige Teufelswesen in der Bevölkerung auslöste, muss es dem Herrscher offenbar gefallen haben, sich zur Einschüchterung von Freund wie Feind mit einer Aura des Unheimlichen zu umgeben.

Wie schon die Legende andeutet, lag der Lebensmittelpunkt Richards noch als englischer König stets im heutigen Westen Frankreichs, der Region Charente-Poitou, der Heimat seiner Mutter Eleonore von Aquitanien. Zwar in England geboren, hielt er sich als Erwachsener gerade einmal sechs Monate auf der Insel auf: Zum einen anlässlich seiner Krönung in Westminster am 3. September 1189 und der Vorbereitung auf den Kreuzzug, zum anderen nach seiner Freilassung aus der österreichischen Gefangenschaft im Frühjahr 1194. Während seiner kaum zehnjährigen Herrschaft blieben ihm seine angelsächsischen Untertanen eher fremd. Er verstand ihre Sprache nicht, da die Nachfolger der normannischen Eroberer, zu denen Richard zählte, Französisch, genauer gesagt einen anglo-normannischen Dialekt sprachen. Den Großteil seiner Zeit als König verbrachte er auf dem Kontinent beziehungsweise auf dem Kreuzzug.

Blickt man auf die Stationen seines vergleichsweise kurzen Lebens, so war es vor allem durch den Kampf geprägt. Den Beinamen „Löwenherz" soll er der Überlieferung zufolge schon im Knabenalter erhalten haben, als er seinem Vater todesmutig in die Schlacht folgte und diesen vor den Hieben anstürmender Gegner warnte. In einer mittelenglischen Erzähltradition findet sich eine noch spektakulärere Version darüber, wie Richard zum „Löwenherz" wurde.[6] Angeblich ließ ihn der deutsche König Mordred – die Anlehnung an den rebellischen Sohn des Königs Artus ist gewiss kein Zufall – mit bloßen Händen (oder anderen Varianten gemäß nur mit einem Dolch bewaffnet) gegen einen Löwen kämpfen. Natürlich siegte der Herrscher und riss dem wütenden Tier das Herz durch den Hals heraus und verspeiste es. Die frühen Jahre waren geprägt von Richards Kampf an der Seite seiner Brüder gegen den eigenen Vater Heinrich II., der nicht so früh seinen Thron für die Nachfolger preiszugeben gedachte, wie es sich diese erhofften. Nachdem Richards älterer Bruder Heinrich der Jüngere 1183 an einer Krankheit starb, wurde Richard zum Anwärter auf die englische Krone. Am 6. Juli 1189 schied Heinrich II. in Chinon aus dem Leben, ohne sich mit seinen Söhnen ausgesöhnt zu haben.

Als der Papst nach der verheerenden Niederlage der Kreuzfahrer in der Schlacht bei den Hörnern von Hattin in Galiläa im Sommer 1187 zu einem neuen Kreuzzug aufrief, hatte der kriegserprobte Richard als einer der ersten am 2. Oktober des Jahres in Tours sein Gelübde abgelegt.[7] Aufbrechen konnte er indes erst nach dem Tod des Vaters, gegen den er als Lehens-

mann des französischen Königs Philipp II. August für die Fest-
landsbesitzungen der Plantagenets (Normandie, Anjou, Maine,
Poitou und Berry) Krieg führte. Als Richard im Sommer 1190
endlich in Richtung Levante aufbrechen konnte, war eine
Stütze des Kreuzzugsheeres bereits weggebrochen. Kaiser
Friedrich Barbarossa war am 10. Juni 1190 im Fluss Saleph in
Kleinasien ertrunken.

Am 10. April 1191 setzte Richard seine Reise von Messina
aus fort. Während des Aufenthaltes auf Sizilien ereignete sich
eine Begebenheit, die noch heute häufig mit Blick auf das spätere Bild Richards in der historischen Forschung angeführt
wird. Der englische König war dort mit dem Zisterzienser Joachim von Fiore († 1202) zusammengetroffen, einem Spezialis-
ten auf dem Gebiet der Apokalypse des Johannes. Der Greis,
dem seine Zeitgenossen seherische Fähigkeiten nachsagten,
war vermutlich auf Einladung Richards in den Süden Italiens
gereist und hatte den Kreuzfahrern das baldige Ende des Sultans Saladin vorausgesagt.[8] Dies war ein gutes Vorzeichen für
den weiteren Verlauf des Unternehmens. Es war vielleicht aber
auch unter dem Eindruck der von Joachim farbig präsentierten
Höllenstrafen, dass der englische König vor den anwesenden
Bischöfen öffentlich Buße für seine homosexuellen Handlun-
gen tat, die sich während des Aufenthaltes in Messina ereignet
haben sollen. Dies ist der einzige quellenmäßig gesicherte Beleg
für die homosexuellen Neigungen, die Richard von der historischen Forschung vor allem im England des 19. Jahrhunderts
unterstellt wurden. Zwar wird dieser Aspekt nicht überbetont,
und es bleiben noch immer letzte Zweifel an der Interpretation
der Quellen. Doch bildet die Homosexualität Richards seither
eine weitere Facette der Legende.[9]

Schließlich auf dem Boden der Levante angelangt, sah sich
der Herrscher mit dem Sultan Saladin einem Gegner gegen-

über, dessen Nachleben ebenfalls legendäre Züge trägt. Der Kontext ist jedoch ein gänzlich anderer als im Falle abendländischer Monarchen, weshalb in diesem Rahmen der Verweis genügt, dass in der späteren Literatur des Abendlandes dem muslimischen Herrscher nahezu christliche Züge verliehen werden. Prägend für das spätere Bild der Beziehungen zwischen Saladin und Richard ist eine Begebenheit, die zeitgenössische Chronisten erwähnen und die 1825 in Walter Scotts historischem Roman *Der Talisman* eine literarische Ausschmückung erfahren hat, die bis heute in der Erinnerung präsent ist.[10] Während der Belagerung von Akko erkrankten Richard, der französische König Philipp II. August und Teile des Kreuzfahrerheeres Anfang Juni 1191 an einer Infektionskrankheit. Diese ging mit hohem Fieber einher, und die Erkrankten verloren ihre Haare, Zeh- und Fingernägel. Angeblich blieb der französische König auch nach seiner Genesung für den Rest seines Lebens kahlköpfig. Die Erkrankung der beiden Herrscher lieferte den Stoff zu einer reichen Legendenbildung um den Großmut des Sultans Saladin. Zeitgenössischen Berichten zufolge übersandte er den Herrschern allerlei Geschenke und Genesungswünsche. Walter Scott spann dieses Erzählmotiv in seinem historischen Roman weiter. Darin sucht Saladin als Arzt verkleidet das Krankenlager Richards auf und heilt diesen mit Hilfe eines wundersamen Talismans.

Mit Hilfe der abendländischen Kreuzfahrerheere gelang es den Christen am 12. Juli 1191, Akko erneut von den Muslimen einzunehmen. Nur zwei Wochen später schiffte sich der französische König in Tyrus gen Abendland ein. Er begründete seine überstürzte Abreise mit den Folgen der Krankheit, die ihn sehr geschwächt hatte. Richard blieb im Heiligen Land zurück. Doch sein Traum, Jerusalem wieder für die Christenheit in Besitz zu nehmen, erfüllte sich nicht. Ohne die Unterstützung der Franzosen war die Zahl seiner Krieger zu gering, um die Muslime in der Heiligen Stadt ernsthaft in Bedrängnis zu bringen. Die Rückgewinnung Akkos sicherte allerdings vorerst die lateinische Herrschaft in der Levante.

Für Richard hatte das Kreuzzugsabenteuer ein berühmtes Nachspiel, das seinen Eingang in die Literatur gefunden hat und auf diese Weise bis heute das Bild Richards beeinflusst. Sowohl im „Robin Hood" als auch in Sir Walter Scotts *Ivanhoe* ist die Gefangenschaft des englischen Königs ein zentrales Thema. Bei seiner Rückkehr aus dem Heiligen Land war Löwenherz am 21. Dezember 1192 in der Nähe von Wien durch Herzog Leopold V. von Österreich festgenommen und auf die Burg Dürnstein gebracht worden. Sein oft berichteter Jähzorn hatte Richard in diese missliche Lage gebracht. Der Herzog von Österreich war der ranghöchste Adelige unter den deutschen Kreuzfahrern, die nach dem Tod Kaiser Friedrichs I. und seines Sohnes Friedrich von Schwaben in der Levante verblieben waren. Er hatte mit acht Kämpfern an der Belagerung von Akko teilgenommen. Im Vergleich zu dem übrigen Aufgebot blieb sein Anteil an der erfolgreichen Rückeroberung der Hafenstadt damit sehr bescheiden. Dennoch forderte der Herzog seinen Beuteanteil und ließ sein Banner ungeniert im Bereich des englischen Herrschers aufpflanzen.[11] Richard Löwenherz ließ es zum offenen Konflikt kommen. Er befahl, das Banner Leopolds zu entfernen. Dass seine eifrigen Männer sogar noch weiter gingen und dieses in eine Kloake warfen, geschah wahrscheinlich ohne Wissen des Herrschers. In seiner Ehre tief gekränkt, trat der österreichische Herzog die Heimreise an.

Und dies war nicht der einzige Konflikt im Heiligen Land, bei dem Richard eine Rolle spielte. Die Eroberung der Stadt brachte nur eine Pause in den schwelenden Streit um die Krone des Königreichs Jerusalem, die sowohl Guido von Lusignan als auch Konrad von Montferrat für sich beanspruchten. Am 28.

Mit gekröntem Haupt, langem Bart und wallendem Mantel thront Kaiser Friedrich Barbarossa seit der Einweihung des Nationaldenkmals im Jahre 1896 auf dem Kyffhäuser. Einer weitverbreiteten Legende zufolge schläft der Herrscher im Schoß des Berges und kehrt von dort mit dem Anbruch besserer Zeiten zurück.

Die Miniatur auf dem sogenannten Luttrell-Psalter von 1340, der heute in der Londoner British Library verwahrt wird, zeigt den Zweikampf zwischen einem Kreuzfahrer und einem Muslim. Der Ritter mit dem heruntergelassenen Visier zur Linken gilt als Darstellung des englischen Königs Richard Löwenherz während der im Kampf unterlegene Muslim auf der rechten Bildseite den Sultan Saladin zeigen soll.

ROBIN HOOD AND HIS MEN KNEEL TO THE KING

*Eine Szene, die aus Hollywood-Filmen jeder kennt und die die romantisch ver-
klärte Vorstellung von Richard Löwenherz prägt: Robin Hood und seine Gefährten
knien vor dem vom Kreuzzug zurückgekehrten König. Farbdruck nach einer
Zeichnung von Walter Crane in Henry F.B. Gilberts 1915 erschienen Buch „Robin
Hood and his Merry Men".*

*Die wohl bekannteste Darstellung Kaiser Friedrichs II. entstammt der vom Herr-
scher verfassten Handschrift über die Falkenjagd mit dem Titel „De arte venandi
cum avibus", die sich heute in der Vatikanischen Bibliothek befindet.*

Das um die Mitte des 14. Jahrhunderts in französischer Sprache verfasste Werk „Vie et miracles de Saint Louis" über das Leben und die Wunder des heiligen Königs Ludwig IX. von Frankreich (1214-1270) aus der Feder von Guillaume de Saint-Pathus zeigt in seinen Miniaturen die frommen Taten des Herrschers, darunter die Bewirtung von Armen.

Juli 1191, wenige Tage vor dem Aufbruch des französischen Königs in die Heimat, regelten Richard und Philipp II. August die Angelegenheit nach Übereinkunft mit den Großen der Kreuzfahrerstaaten durch einen Kompromiss. Guido sollte bis zu seinem Tode König bleiben, die Krone dann jedoch nicht an seine Nachkommen, sondern an Konrad von Montferrat gehen. Letzterer wurde für diesen einstweiligen Verzicht mit einem beachtlichen Teil der Einkünfte des Königreiches sowie mit dem Besitz von Beirut, Sidon und Tyrus entschädigt. In diesem Zusammenhang bleibt noch zu erwähnen, dass Leopold von Österreich zu den Anhängern Konrads zählte während der englische König auf Seiten Guidos von Lusignan stand. Konrad von Montferrat sollte indes nie in den Genuss der Krone Jerusalems kommen. Wenige Monate nach dem Schiedsspruch, am 18. April 1192, fiel er einem Attentat zum Opfer. Die Täter waren zwei der berüchtigten Assassinen, einer muslimischen Sekte, die durch politische Morde unter Christen wie Muslimen bisweilen in die Geschicke der Levante eingriff. Als Richard Löwenherz gegen Ende des Jahres in die Gefangenschaft Leopolds von Österreich geriet, sah er sich nicht nur der Anklage wegen seines Vorgehens gegen einen Lehensmann des deutschen Kaisers gegenüber, sondern zugleich der, den Mord an Konrad von Montferrat in Auftrag gegeben zu haben. Über ein halbes Jahr verbrachte Richard zunächst als Gefangener Leopolds in Dürnstein, dann in der Obhut von dessen Lehensherren Kaiser Heinrich VI. in Ochsenfurt und Trifels. Nach zähen Verhandlungen und der Zahlung eines hohen Lösegelds wurde der englische König am 29. Juni 1193 schließlich wieder auf freien Fuß gesetzt.

Die letzten sechs Jahre im Leben des noch jungen Königs waren vor allem vom Konflikt mit Frankreich geprägt. Der Krieg war seit seiner Jugend ein ständiger Begleiter gewesen. Am 6.

April 1199, im Alter von nur 42 Jahren, starb der englische König an den Folgen eines Pfeilschusses bei Châlus. Das Bild des legendären Herrschers in den zeitgenössischen Quellen bleibt ebenso zwiespältig wie er selbst es anlegte. So soll der Prediger Fulk von Neuilly den König aufgefordert haben, sich von seinen drei Töchtern zu trennen.[12] Als Richard daraufhin antwortete, er habe keine Kinder, antwortete der Geistliche, diese Kinder hießen Hochmut, Begehrlichkeit und Wollust. Der König ließ sich davon indes nicht irritieren und gab zurück: *„Den Hochmut gebe ich den Templern, die Begehrlichkeit den Zisterziensern und die Wollust dem gesamten Klerus!"*

FRIEDRICH II.

Das Staunen der Welt

Ein legendärer Herrscher zwischen Okzident und Orient

Der Glanz eines Herrschers zwischen Abend- und Morgenland, eines sprachbegabten Mittlers zwischen den Kulturen und eines wissbegierigen Förderers der Wissenschaften haftet bis heute dem Bild Friedrichs II. von Hohenstaufen an. Über die Jahrhunderte hat der Kaiser nichts von der zwiespältigen Faszination verloren, die er bereits auf seine Zeitgenossen ausübte. So schlägt sich das ungeminderte Interesse an Friedrich II. nicht nur in einer großen Zahl an Veröffentlichungen vom Roman bis hin zur Fachliteratur nieder, sondern 2008 auch in einer opulenten Ausstellung, die unter dem Titel „Kaiser Friedrich II. (1194–1250). Welt und Kultur des Mittelmeerraumes" im Landesmuseum Natur und Mensch in Oldenburg zu sehen ist. In einem Informationsbrief ließen die Ausstellungsveranstalter wissen, dass der wissenschaftliche Begleitband keineswegs die „kritische Auseinandersetzung" mit dem „bereits zu Lebzeiten zur überirdischen Lichtgestalt stilisierten" Friedrich II. scheue.[1] Auf die „Lichtgestalt" fielen indes schon zu des Kaisers Lebzeiten die dunklen Schatten negativer Polemik. Manch einer sah in ihm gar die Verkörperung des Antichristen. Wohl kaum ein mittelalterlicher Herrscher hat unter seinen Zeitgenossen für eine derartige Polarisierung gesorgt wie Friedrich. Und so ist unser gegenwärtiges Bild des Staufers noch immer vor allem durch die Übertreibungen seiner Widersacher wie seiner Anhänger geprägt. Im Folgenden wollen wir die Hintergründe der beiden zentralen Aspekte näher betrachten, die die verzerrten Vorstellungen von seiner Herrschergestalt maßgeblich geprägt haben: Zum ersten Friedrichs außergewöhnliches Interesse für die Wissenschaften, die seinen Feinden eine wesentliche Grundlage boten, ihn zu verteufeln. Zum zweiten seine Rolle als Herrscher über Christen, Juden und Muslime in seinem Königreich Sizilien wie als Kreuzfahrer. Tauchen wir also – nach einem kleinen Umweg über das finstere Ingolstadt – ein in die bunte Welt des Mittelmeerraumes.

Ein Kaiser, seine Falken und die Wissenschaften oder Ein mittelalterlicher „Dr. Frankenstein" auf dem Prüfstand

Zuckende Blitze erhellen die rabenschwarze Nacht im bayerischen Ingolstadt. Einer davon liefert die Energie, auf die Dr. Viktor Frankenstein in seinem Labor schon so lange wartet – Lebensenergie. Sie durchfährt den Leichnam, den der Arzt aus vielen gestohlenen Teilen zusammengesetzt hat. Plötzlich ist Leben in dem toten Körper. Der vielfach verfilmte Stoff nach dem 1818 erstmals erschienenen Roman *Frankenstein oder der neue Prometheus* von Mary Shelley († 1851) ist mehr als eine Schauergeschichte. Er verweist literarisch zugleich auf die ethischen Grenzen wissenschaftlicher Forschung. Das Wesen, das Dr. Frankenstein belebt, ist nicht von Gott erschaffen! Am Ende der Erzählung zahlt Frankenstein den Preis für sein unheilvolles Experiment.

Mehr als 600 Jahre zuvor erschien Friedrich II. in der Polemik mancher Zeitgenossen als eine Art mittelalterlicher Dr. Frankenstein. Ohne Rücksicht auf das menschliche Leben soll er einen Mann in ein Fass eingeschlossen haben, um herauszufinden, wo nach dessen Hungertod die Seele verbleibt. Und dies ist nur eines der Experimente, die die zeitgenössische antikaiserliche Propaganda Friedrich II. anlastete. Der Franziskaner Salimbene von Parma nannte sie „Wahnideen", kannte sie aber nur vom Hörensagen. Die unheimlichen Geschichten über Friedrichs Menschenversuche hatten den Zweck, den Kaiser als gottlosen Tyrannen, Ketzer, Magier, ja Verkörperung des Antichristen zu brandmarken. Immerhin bedeutete im 13. Jahrhundert „Versuch und Versuchung keinen großen Unterschied".[2] Offenbar kannte die Fantasie keine Grenzen, um den Herrscher wegen seines weithin bekannten Wissensdursts der übelsten Taten zu bezichtigen. Einer Geschichte zufolge soll Friedrich bei der Straße von Messina einen goldenen Becher ins Meer geworfen haben, den ein Taucher vom Grund heraufholen sollte. Die Absicht des Herrschers sei es gewesen, einen Bericht über die Gestalt des Meeresgrundes zu erhalten. Zum Beweis, dass der Taucher diesen auch wirklich erreichte hatte, sollte er den Becher wieder an die Oberfläche holen. In einem weiteren Experiment widmete sich der Kaiser der Frage nach der menschlichen Verdauung. Nach üppigem Mal wies er einen der beiden für das Experiment bestimmten Probanden an, sich schlafen zu legen. Den anderen schickte er auf die Jagd. Danach befahl der Herrscher, die Bäuche der beiden Männer zu entleeren. Die Ärzte des Hofes hätten daraufhin festgestellt, dass Schlaf der Verdauung förderlich sei. Auch vor Experimenten mit Kindern sei Friedrich nicht zurückgeschreckt. Er habe danach getrachtet zu erfahren, welche Sprache Kinder sprächen, wenn niemand mit ihnen rede und menschliche Wärme entgegenbrächte. Alle seien daraufhin verkümmert.

Solche Gerüchte dürften bei den Zeitgenossen unschwer ihre beabsichtigte Wirkung erfüllt haben. Immerhin ist mir selbst die abstoßende Geschichte der vernachlässigten Kinder während meiner Schulzeit als Fünftklässler während der 1970er Jahre noch in modernisierter Form präsentiert worden, um auf die Bedeutung von Zuneigung und mütterlicher Wärme für eine kindgerechte Entwicklung hinzuweisen. Ohne eine Erläuterung der historischen Hintergründe, erschien uns dieser Kaiser als abgrundtief böser Mensch. Ob sich hinter den zeitgenössischen Gerüchten irgendein realer Hintergrund verbirgt, ist unbekannt. Fest steht hingegen, dass Friedrich sehr wohl Experimente an lebenden Tieren vornehmen ließ.

Nicht nur durch die Jagd, auch durch seine mit exotischen Tieren bestückten Menagerien – mittelalterlichen, allerdings nur den Herrschern vorbehaltenen Vorläufern des Zoos – konnte Friedrich zoologische wie veterinärmedizinische Kenntnisse sammeln. So berichtet der Gelehrte Jordanus Ruffus, der im Umfeld von Friedrichs Hof ein umfangreiches Werk über Pferde, ihre Zucht und Haltung schrieb, er habe vom Kaiser bei der Abfassung seiner Beschreibungen Belehrung erfahren. Unter allen Tieren aber, mit denen sich der Herrscher beschäftigte, lagen ihm Falken in besonderer Weise am Herzen. Seine Leidenschaft für die Greifvögel gipfelte auf Anregung seines Sohnes Manfred in der Niederschrift eines eigenen, berühmten Werkes über die Falkenjagd (*De arte venandi cum avibus*). Er selbst berichtet darüber, dass er Falken die Augen vernähen ließ, um zu ergründen, ob diese ihre Nahrung durch Sehen oder Riechen fänden. Auch sorgte er für den Bau von Brutkästen, in denen er das Brüten, das Schlüpfen der Brut und die Lage der Nestlinge beobachten konnte. Jenseits solcher eigenen Experimente und Beobachtungen pflegte der Kaiser eine rege Korrespondenz über Fragen der Falknerei und bemühte sich, Exemplare der edlen Vögel aus allen Teilen der damals bekannten Welt seiner Sammlung zuzuführen. Die Falkenjagd gehörte auch in der arabischen Welt zu den festen Bestandteilen herrscherlichen Lebenswandels. Nicht von ungefähr widmet sich etwa der am Ende des 11. Jahrhunderts in der syrischen Festung Shaizar am Oberlauf des Orontes geborene Amir Usama ibn Munqid in seinem autobiographischen Werk ausführlich diesem Thema. So ließ Friedrich II., der sich in allen wissenschaftlichen Bereichen um die Übersetzung von Traktaten aus dem Arabischen bemühte, unter anderem ein Buch über die Vogeljagd ins Lateinische übersetzen.

Das Wissen des Orients, wo das Erbe antiker griechischer Gelehrsamkeit bewahrt und ins Arabische übertragen worden war, floss seit mehr als einem Jahrhundert ins Abendland. An den Schnittstellen der christlichen, jüdischen und muslimischen Kultur im Mittelmeerraum – auf der Iberischen Halbinsel, im Süden Italiens und in den lateinischen Kreuzfahrerstaaten – machten sich Übersetzer daran, dem Okzident die Wissensschätze des Orients zugänglich zu machen. An einer solchen Schnittstelle, dem Königreich Sizilien, aufgewachsen, kam Friedrich schon früh mit den Wissenschaften in Kontakt. Dabei ist bis heute unbekannt, wer dem Kaiser seine Bildung vermittelte und sein außerordentliches Interesse für die Wissenschaften weckte. Gemäß dem letzten Willen seiner Mutter Konstanze blieb der Knabe im Alter von kaum vier Jahren nach deren Tod am 28. November 1198 als Vollwaise unter der Vormundschaft des Papstes Innozenz III. in Palermo zurück. Friedrichs Vater, Heinrich VI., war kaum ein Jahr zuvor in Messina gestorben.

Vermutlich übernahmen die Geistlichen der Hofkapelle, der dort als Lehrer wirkende Wilhelm Francisius und der vom Papst eingesetzte Kardinal Gregor von Galgano die Erziehung des jungen Friedrich. Doch bleiben diesbezüglich viele offene Fragen. Wahrscheinlich befanden sich unter den Lehrmeistern des jungen Herrschers auch Muslime. Nicht alle von ihnen hatten nach der Eroberung Süditaliens durch die Normannen in der zweiten Hälfte des 11. Jahrhunderts ihre bisherige Heimat verlassen. So existierte zur Zeit Friedrichs II. noch immer eine muslimische Minderheit unter christlicher Herrschaft, wovon an anderer Stelle noch die Rede sein wird.[3] Einem arabischen Bericht zufolge soll es gar der Kadi der Muslime selbst gewesen sein, der den Knaben mit der Kultur und Philosophie des Orients vertraut machte.[4]

Will man den Aussagen der Zeitgenossen glauben, so war Friedrich II. ein wahres Sprachgenie: Er beherrschte Latein, Griechisch, Arabisch, Französisch, Provençalisch und Hebräisch. Hinzu kam wohl auch Deutsch, die Sprache, der meisten seiner Untertanen im römisch-deutschen Kaiserreich und seiner staufischen Stammlande. Wie kein anderer Herrscher verfügte Friedrich II. demnach über eine Bildungsgrundlage, die seinem späteren Interesse an den Wissenschaften fraglos den Weg bereitete. Besonders deutlich wurde dies im Rahmen der Gründung der Universität von Neapel im Juli 1224. Zu diesem Anlass ließ Friedrich wissen:

„Unablässig beschäftigt Uns die Sorge, wie Wir Unser Königreich Sizilien, das die Natur mit einem Überfluss an Lebensgütern versehen hat, Unsererseits zu Unseren Lebzeiten mit einer Fülle von gelehrten Männern zieren, damit Unsere getreuen Untertanen, um die Früchte der Wissenschaften, nach denen sie hungern, nicht in fremden Ländern betteln müssen, sondern im Königreich selbst einen gedeckten Tisch

*für ihren Hunger zu finden und damit diejenigen, die eine
angeborene Begabung zum hohen Studium befähigt, die
Kenntnisse der Wissenschaften zu Gelehrten macht.*"[5]
Mit einer „Fülle gelehrter Männer zierte" Friedrich II. seinen
Hof bekanntlich gern. In seinem Umfeld wirkte unter anderem
Roffred von Benevent, der zuvor als Professor für römisches
Recht an der Universität von Bologna gelehrt hatte, daneben
der Philosoph und Astrologe Theodor von Antiochia und Petrus
Hispanus, der spätere Papst Johannes. Rege Kontakte pflegte
der Herrscher auch zu jüdischen Gelehrten. Beispielsweise zu
Moses ben Samuel Ibn Tibbon, dessen Vater im Süden Frankreichs das große Werk unter dem Titel „Führer der Unschlüssi-
gen" des berühmten Philosophen und Arztes Maimonides
(† 1204) aus dem Arabischen ins Hebräische übersetzt hatte.
Dabei interessierte sich der Herrscher vor allem für die Rezeption der im Abendland unlängst wiederentdeckten philosophi-
schen Schriften des Aristoteles.

Unter den Gelehrten an Friedrichs Hof sticht auch der illustre
Schotte Michael Scotus hervor. Dieser hatte zuvor im spanischen
Toledo gewirkt, das seit dem 12. Jahrhundert als das europäische
Zentrum für Übersetzungen wissenschaftlicher Texte aus orien-
talischen Sprachen galt, und fungierte nun als Hofastrologe
Friedrichs. Die Astrologie stand im Range einer Wissenschaft, die
sogar an den Universitäten gelehrt wurde. Ärzte nutzten die
Berechnung der Gestirne, um den günstigsten Termin für eine
Behandlung bestimmen zu können. Viele Herrscher nahmen die
Dienste von Astrologen in Anspruch. Aufgrund ihrer Berechnun-
gen trafen sie Voraussagen über die körperlichen Befindlichkei-
ten von Angehörigen des Hofes, lieferten unter Umständen aber
auch, wie Michael Scotus, Prognosen über den Verlauf von Feld-
zügen. Auf Geheiß Friedrichs verfasste der Schotte ein einführen-
des Werk in das Wissen seiner Zeit sowie über Vorstellungen zu

Gestirnen, Sternbildern und dergleichen mehr. Neben der Förderung von Gelehrten an seinem Hof, nutzte der Kaiser auch die Gelegenheit zu einem kurzfristigen Austausch. So traf er im Jahre 1226 in Pisa mit Leonardo Fibonacci (ca. 1180–1241) zusammen, durch dessen Werk *Liber Abaci* das Rechnen mit arabischen Ziffern im Abendland populär geworden war.[6]

Unter den breiten Interessen Friedrichs ragt als weitere Säule die Förderung der Medizin und des Gesundheitswesens heraus. In Salerno, der einstigen römischen Hafenstadt Salernum südlich von Neapel, war wohl schon vor dem Jahr 1000 eine Medizinschule entstanden. Dort wirkten vor allem Mönche aus benediktischen Klöstern und deren Mutterhaus auf dem Monte Cassino. Wenngleich im Hinblick auf die Frühzeit der berühmten Schule Mythos und Realität miteinander verschmelzen, so ist offenbar, dass Salerno von Beginn an eine hohe Anziehungskraft auf Gelehrte aus der ganzen Mittelmeerregion ausübte. Sie brachten das Heilwissen ihrer Heimat nach Süditalien, wie der unter dem Namen Constantinus Africanus (um 1010–1087) bekannte Nordafrikaner, möglicherweise muslimischer Herkunft, mit dem wenige Jahre vor Beginn des ersten Kreuzzugs in den Vorderen Orient gegen Ende des 11. Jahrhunderts die rege Übersetzung orientalischer Medizinalschriften ins Lateinische einsetzte.[7] Constantinus, dessen Geburtsname unbekannt geblieben ist, war als Kräuter- und Drogenhändler in seiner Heimatstadt Karthago tätig gewesen. Auf seinen weiten Reisen in der Mittelmeerregion hatte er reiche Kenntnisse über die Heilmittel des Orients gesammelt. In den 1070er Jahren beschuldigte man ihn unter nicht näher bekannten Umständen in seiner Heimatstadt der Zauberei. Er floh in den Süden Italiens, wo er bald an die Medizinschule von Salerno gelangte. Von dort führte sein Weg zum Kloster Monte Cassino, wo der Abt Desiderius, der spätere Papst Viktor III., ihn vermutlich als Laienbruder aufnahm. Im Dienste seines Ordens machte sich Constantinus schon bald erneut auf die Reise. Sie sollte mehrere Jahre dauern und ihn durch weite Teile der islamischen Welt führen. Dort sammelte er für die Schule von Salerno bislang im Abendland unbekannte medizinische Werke vor allem in arabischer Sprache. Zurückgekehrt nach Italien, machte sich Constantinus an deren Übersetzung ins Lateinische. So gelang es ihm, der abendländischen Gelehrtenwelt bis zu seinem Tod im Jahre 1087 alle der ihm am wichtigsten erscheinenden Traktate zugänglich zu machen, darunter auch das Hauptwerk des Haly Abbas († 995) mit dem Titel „Perfekte Sammlung der Medizin" (arab.: *Kāmil aṣ-Ṣina' aṭ-Ṭibbīya*), das der Übersetzer *Liber pantegni* nannte. Die auch als *Liber regius*, „Königliches Buch", bezeichnete Schrift wurde für mehrere Jahrzehnte zu einer neuen theoretischen Leitlinie der abendländischen Heilkunde. Gestützt auf antike Lehren, enthält es Berichte über die medizinische Ausbildung in orientalischen Hospitälern sowie Empfehlungen zur Gesundheitspflege und Behandlung. Die herausragende Bedeutung des Werkes für die Entwicklung der abendländischen Medizin wurde nur noch überflügelt durch den berühmten *Canon medicine* (arab.: *Al-qānūn fī-ṭ-ṭibb,* dt.: Die Regel der Heilkunde) des Avicenna († 1037), der im 12. Jahrhundert durch den im spanischen Toledo wirkenden Übersetzer Gerhard von Cremona († 1187) ins Lateinische übertragen wurde.

Durch die Schule von Salerno und die rege Übersetzertätigkeit des Constantinus Africanus waren also im Königreich Sizilien ein Jahrhundert vor der Geburt Friedrichs II. die wesentlichen Grundlagen zur Ausformung eines Gesundheitswesens gelegt, das zu dieser Zeit in Europa unübertroffen war. So bildeten sich in Salerno im Laufe der Zeit die Anatomie und die Chirurgie als eigene Disziplinen aus. Das berühmteste Zeugnis dieser Entwicklung ist die gegen Ende des 12. Jahrhunderts verfasste *Chirurgia,* die Roger von Salerno zugeschrieben wird. Gemeinsam mit vier weiteren Lehrern der salernitanischen Schule erstellt, veranschaulicht die *Chirurgia* die praktischen Erfahrungen des Heilkundigen mit dem menschlichen Körper. An den mittelalterlichen Universitäten fand sie weite Verbreitung. In dem Werk beschreiben die Verfasser Beschwerden des Kopfes, des Rumpfes sowie der Extremitäten. Für die Behandlung von Kopfverletzungen empfahlen sie, mit besonderer Sorgfalt vorzugehen. Niemals, so heißt es, solle man dem ersten Anschein trauen. Daneben widmet sich die Schrift vor allem der Kauterisierung, dem Ausbrennen mit dem Brenneisen. Die Chirurgen in Salerno hatten zweifelsohne Gelegenheit, reiche Erfahrung am Seziertisch zu machen. Allerdings gelangten zum Zweck anatomischer Sektionen in Ermangelung menschlicher Leichen weit häufiger Tiere unter das Skalpell. Vor diesem Hintergrund ist es nicht verwunderlich, wenn in Salerno eine eigene Abhandlung über die Sektion von Schweinen entstand, die *Anatomia porci.* Zur gleichen Zeit wie die Chirurgie gelangte auch die Pharmazie an der Medizinschule zu ihrer höchsten Blüte. Die antiken Kräuter- und Rezeptbücher, sogenannte Rezeptarien oder Antidotarien, bildeten die Basis für die in Salerno entstandene Grundlagenliteratur mittelalterlicher Arzneimittellehre im Abendland. Dabei beeinflussten orientalische Vorbilder nicht nur nachhaltig das medizinische Schrifttum, sondern auch die Organisation des Medizinalwesens im Königreich Sizilien.

Im Jahre 1140 erließ der normannische König Roger II. von Sizilien (1130–1154) erstmals rechtliche Vorschriften zur Ausübung der Heilkunde in seinem Herrschaftsgebiet – ein Novum im mittelalterlichen Europa. Roger verfügte, dass angehende Heilkundige ihre Fähigkeiten vor einem fachkundigen, vom König eingesetzten Gremium unter Beweis stellen sollten, bevor sie eine medizinische Tätigkeit aufnahmen. Rund ein Jahrhundert später griff Friedrich II. im sogenannten *Liber Augustalis* die von seinem Großvater erlassenen Regelungen zum Medizinalwesen auf und erweiterte diese zu einer umfassenden Ordnung.[8] Darin heißt es unter anderem:

> *„Wir haben den besonderen Nutzen vor Augen, wenn Wir für die allgemeine Wohlfahrt der Getreuen Vorkehrungen treffen. Indem Wir also den schweren Nachteil und nicht wiedergutzumachenden Schaden erwägen, welcher aufgrund der Unerfahrenheit der Ärzte eintreten könnte, gebieten Wir, dass künftig niemand unter Führung des Arzttitels anders den Heilberuf oder die Heilkunst auszuüben sich unterfangen darf, als wenn er vorher zu Salerno auf einer öffentlichen Sitzung der Magister durch deren Zuspruch für tauglich befunden worden ist.“*[9]

Wer ohne diese Prüfung der Heilkunde nachging, den erwarten eine einjährige Kerkerhaft sowie die Einziehung seines gesamten Vermögens.

Die Medizinalstatuten des Herrschers verlangten von angehenden Heilkundigen ein langes Studium. Bevor er sich dem eigentlichen Studium der Medizin zuwenden konnte, musste er sich zunächst drei Jahre lang der Logik widmen. Die anschließende Ausbildung zum Heilkundigen dauerte weitere fünf Jahre. Am Ende stand eine Prüfung, zu der die Zeugnisse der Lehrer vorgelegt werden mussten. Die Chirurgie war ein verpflichtender Teil des Studiums. Wollte sich ein Arzt in dieser Disziplin spezialisieren, musste er entsprechende Kenntnisse der Anatomie des menschlichen Körpers nachweisen, die er in den Vorlesungen erlangt hatte. Ohne dieses Wissen, so die Ordnung, könnten Operationen nicht mit Aussicht auf Erfolg durchgeführt werden. Eine Behandlung durch universitär gebildete Ärzte war sehr teuer. Friedrich II. verfügte allerdings, dass sich diese kostenlos um die medizinische Versorgung Bedürftiger kümmern sollten. Eine Bestimmung, die andernorts erst Jahrhunderte später mit der Anstellung von Stadtärzten erfolgte, zu deren Dienstobliegenheiten mitunter – so etwa in Köln – die Aufsicht über die städtischen Hospitäler zählte.

Die kaiserliche Ordnung wirkte auch in anderer Hinsicht bahnbrechend. Sie legte den Grundstein für die heute übliche Trennung der Pharmazie von der Medizin. So verfügte der Herrscher, dass Ärzte die Oberaufsicht über die Zubereitung der Arzneien durch den Apotheker haben sollten. Eigenhändig zubereiten durften sie die Heilmittel jedoch nicht. Sollte der Heilkundige feststellen, dass der Apotheker minderwertige Ware herstellte, musste er dem kaiserlichen Hof unverzüglich Meldung machen. Ein System der mittelalterlichen Qualitätskontrolle, das – sofern die Praxis der Norm folgte – zu dieser Zeit seinesgleichen noch vergeblich suchte. In vielen Teilen des deutschsprachigen Reichsgebiets blieb das Medizinalwesen bis in das 17. Jahrhundert hinein weitgehend ungeordnet.

Die Verdienste Friedrichs II. um die Förderung der Wissenschaften, deren Errungenschaften im Falle der Medizin der Bevölkerung seines Königreiches Sizilien unmittelbar zugute kamen, sind unübersehbar. Allerdings war die Beschäftigung mit der Heilkunde in klerikalen Kreisen von jeher umstritten. Schon der Kirchenvater Augustinus († 430) übte scharfe Kritik an den Ärzten, die mit ihrer Tätigkeit in Gottes Werk eingriffen. Kaum zwei Jahrzehnte bevor Friedrich II. seine Medizinalordnung erließ, hatten die Kritiker unter der Geistlichkeit die Oberhand gewonnen. Im Jahre 1215 verbot das Vierte Laterankonzil endgültig die Ausübung der Chirurgie durch Kleriker. Zu dieser Strömung passt die Polemik gegenüber Friedrich. War der wissbegierige Kaiser, der soviele Erkenntnisse aus dem Orient in seinen Herrschaftsraum einfließen ließ, tatsächlich auch ein Mittler zwischen den Kulturen?

Ein kreuzfahrender Herrscher und seine andersgläubigen Untertanen

Schon seit Jahrhunderten lebte eine jüdische Minderheit im Königreich Sizilien. Als die Normannen um die Mitte des 12. Jahrhunderts Sizilien eroberten, gelangten diese von einer muslimischen unter christliche Dominanz.[10] Unter staufischer Herrschaft unterhielten die sizilianischen Juden weiterhin ihre regen Handelsverbindungen in die islamische Welt, wenngleich in vermindertem Umfang. Friedrichs II. wissenschaftliche Weitsicht sollte sich in diesem Fall auch auf wirtschaftlichem Sektor zeigen. So gestattete er Juden den Anbau von Henna, Indigo und anderen bislang auf Sizilien unbekannten Pflanzen. Für die Färberei waren diese ein unschätzbarer Gewinn. Auch übernahmen Juden die Kultivierung der königlichen Dattelplantagen, gemäß den mit dem Hof geschlossenen Verträgen. Sie durften ihre Synagogen renovieren und waren im Hinblick auf die Wahl ihrer Wohnorte nicht auf bestimmte Stadtviertel festgelegt. Die sogenannten „Ghettos" entstanden erst in späteren Jahrhunderten.

Waren Juden seit der Spätantike an Fremdherrschaft gewohnt, präsentierte sich den Muslimen seit dem 11. Jahrhundert ein bislang ungewohntes Szenario. Sie lebten zwar auch nach der normannischen Eroberung Unteritaliens weitgehend in religiöser Autonomie, doch verstärkten sich die Anstrengungen zu ihrer Missionierung. Ein Phänomen, das sich zeitgleich nicht nur in Sizilien, sondern auch in den von den Christen zurückgewonnenen Städten der Iberischen Halbinsel zeigte und das nicht ohne Folgen für das christlich-muslimische Verhältnis blieb.[11] Wie dort hatte auch im Königreich Sizilien die Zahl der Muslime beständig abgenommen. Die Zurückgebliebenen wollten jedoch um jeden Preis an ihren bisherigen Freiheiten und ihrer Macht festhalten und ignorierten den Umstand, dass die muslimischen Gebiete dem Erzbistum Monreale überantwortet worden waren.[12] Der Bischof war jedoch nicht in der Lage seine Ansprüche durchzusetzen, bis sich Friedrich II. schließlich des Problems annahm. Der Widerstand der Muslime war vor allem durch die relative Nähe Unteritaliens zu Nordafrika und damit zur islamischen Welt möglich, die ihre Glaubensbrüder nach Kräften unterstützten. Girgenti, das heutige Agrigent, küstennah im Süden Siziliens gelegen, war dabei die Zelle der muslimischen Autonomiebestrebungen. Diese manifestierte sich nicht zuletzt darin, dass die Muslime begonnen hatten, eigene Münzen zu prägen. Im Jahre 1222 begann Friedrich II., diesem Treiben gewaltsam ein Ende zu setzen. Zunächst ging er gegen Jato vor, wo der muslimische Emir Ibn Abdad und seine Anhänger erbitterten Widerstand leisteten. Doch schon bald fiel die Stadt in die Hände des Herrschers. Der aufrührerische Ibn Abdad wurde in das Zelt Friedrichs gebracht. Dieser war so aufgebracht gegen den Emir, der zudem zwei kaiserliche Boten entgegen den Gepflogenheiten drangsaliert hatte, dass er ihm einen Fußtritt in den Leib versetzte. Will man den Zeugnissen glauben, schnitt dabei der scharfe Reitsporn die Seite des Aufrührers über die ganze Länge auf. Eine Woche später ließ Friedrich Ibn Abdad und dessen Söhne durch den Strang hinrichten.

Die Auseinandersetzung mit den rebellischen Muslimen zog sich als Kleinkrieg über nahezu zwei Jahre hin. 1223 verfügte der Herrscher schließlich die Zwangsumsiedlung der muslimischen Minderheit von Sizilien nach Lucera in den Norden Apuliens. Damit war zum einen der Nachschubweg von Nordafrika abgeschnitten, zum anderen blieben die widerspenstigen Untertanen fortan besser unter der Aufsicht des im benachbarten Foggia neu entstehenden Hofes. Die jahrhundertelange Anwesenheit von Muslimen auf Sizilien war damit jäh beendet. Schätzungsweise sechzehn- bis zwanzigtausend Muslime siedelten sich in Lucera an, das sich von einem bedeutungslosen Ort zu einem blühenden muslimischen Wirtschaftszentrum verwandeln sollte. Hier wurde ihnen die religiöse Autonomie zuteil, die sie auf Sizilien zu verteidigen gesucht hatten. Sie durften Moscheen mit Minaretten errichten sowie nach islamischem Recht unter eigener Verwaltung und eigenen Richtern leben. Der dort ansässige Bischof zog sich zurück. Diese Freiheit hatte jedoch ihren Preis. Wie die Kreuzfahrer in der Levante forderte Friedrich II. von seinen muslimischen Untertanen die Entrichtung einer Kopfsteuer. Diese Praxis folgte einem islamischen Vorbild. So hatte Mohammed im Zuge der Ausbreitung des Islam schon während des 7. Jahrhunderts verfügt, dass Angehörige der Buchreligionen unter muslimischer Herrschaft den Status von „Schutzbefohlenen", sogenannten _ḏimmīs,_ genießen sollten. Eine grundlegende Voraussetzung für das Zustandekommen dieses „Schutzvertrages" war die jährliche Zahlung einer Kopfsteuer (arab.: _ǧizya_). In Anwendung dieses Systems nahm Friedrich II. den unmittelbaren Missionsdruck von der in seinem Reich verbleibenden muslimischen Minderheit. Zugleich machte der Kaiser diese Sarazenen – neben deutschen Rittern – zum Kern seines stehenden Heeres, sehr zum Missfallen des Papstes Gregor IX., der Friedrich ob seines Umgangs mit den Muslimen nachdrücklich rügte. Doch der Herrscher ignorierte den Oberhirten, der ihn im September 1227 mit dem Kirchenbann belegte, als er krankheitsbedingt nicht, wie er gelobt hatte, zum Kreuzzug aufgebrochen war.

Der Kreuzzug Friedrichs sollte indes einen ganz anderen Verlauf nehmen, als man dies im Abendland erwartete. Im Juli 1099 war Jerusalem nach blutigen Kämpfen von den Kreuzfahrern erobert worden. Kaum ein Jahrhundert später, 1187, hatte der Sultan Saladin im Anschluss an die ebenso mörderische Schlacht bei den Hörnern von Hattin den Christen die heilige Stadt wieder entrissen. Den Teilnehmern des daraufhin folgenden dritten Kreuzzugs mit seinen prominenten Anführern, König Richard Löwenherz von England, König Philipp II. August von Frankreich und Kaiser Friedrich Barbarossa, war es nicht gelungen, Jerusalem wieder für die Christenheit in Besitz zu nehmen. Die heutige israelische Hafenstadt Akko, das seinerzeitige Saint Jean d'Acre, das 1190 nach einigem Ringen von den Muslimen zurückerobert werden konnte, bildete seitdem das christliche Zentrum in der Levante. Im Angesicht der Mauern Jerusalems hatte Richard Löwenherz nicht genügend Kraft besessen, einen Angriff auf die Stadt Davids zu wagen. Als der exkommunizierte Friedrich II. im September 1228 schließlich in Akko levantinischen Boden betrat, standen die Chancen auf die Erfüllung dieser Aufgabe nicht gerade gut. Im Februar 1229 gewann er die heilige Stadt für einige Zeit von den Muslimen zurück – nicht im Kampf, sondern durch den Vertrag von Jaffa mit dem Sultan al-Kamil. Ausgenommen war der Tempelberg mit der Omar- und der Al-Aqsa Moschee, wo weiterhin die islamische Oberhoheit galt.

Doch Papst Gregor IX. ließ nicht locker. Schon kursierten im Reich Gerüchte über den Tod des Kaisers in der Fremde, und Friedrich verließ kaum ein Jahr nach seiner Ankunft das Heiligen Land. Er führte nun den Titel eines „Königs von Jerusalem" und verbesserte sein Verhältnis zur päpstlichen Kurie mit dem Vertrag von Sant Germano 1230 für einige Jahre, doch hielten sich die Verdächtigungen einer unmäßigen Sympathie für den Islam hartnäckig. Auf dem Konzil von Lyon strebte der Papst 1245 die Absetzung Friedrichs an. In dem Absetzungsschreiben an den Herrscher hieß es, er sei „in Freundschaft den schrecklichen Sarazenen verbunden" und habe „deren Gewohnheiten angenommen".[13] Nur ein Jahr zuvor war Jerusalem für die Christenheit dauerhaft verloren gegangen. Doch selbst in seinem Testament hatte der Stauferkaiser die heilige Stadt nicht vergessen: Zum Heil seiner Seele stellte er 100.000 Goldunzen für die Rückgewinnung des Heiligen Landes bereit. Friedrich II., an dem sich die Geister der Zeitgenossen schieden, reihte sich ein in den Kreis der legendären Herrscher des Mittelalters.

LEGENDÄRE UND „HEILIGE" HERRSCHER

„Melchior, der König von Arabien, der dem Herrn das Gold opferte, war von kleiner Gestalt. Balthasar, der König von Godolien, der dem Herrn Weihrauch opferte, war von mittlerer Größe. Caspar, der König von Tharsis und der Insel Egrisoulla, der dem Herrn die Myrrhe schenkte, war der größte unter ihnen; er war ein schwarzer Äthiopier, daran ist kein Zweifel", heißt es in der durch den Karmeliter Johannes von Hildesheim (1310/20–1375) um 1364 verfassten „Geschichte der drei Könige" (lat.: *Historia Trium Regum*).[14] Wohl zum 200jährigen Jubiläum der Überführung ihrer Gebeine in den Kölner Dom hatte der Chorbischof Florenz von Wevelinghoven (um 1330–1393) die Schrift in Auftrag gegeben. Caspar, Balthasar und Melchior waren und sind durch ihre Rolle an Jesu Krippe wohl jedermann in der christlichen Welt bekannt. Sinnbilder heiliger Könige schlechthin, gelangten ihre sterblichen Überreste eben zu jener Zeit an den Rhein, da eine Kanonisierungswelle in vielen Reichen Europas Herrscher in Heilige verwandelte.[15]

Die Legenden um ihre Person waren weniger vielschichtig als im Falle der im vorangegangenen porträtierten Kaiser und

Könige. Zugleich dienten sie einem anderen Ziel. Es ging nicht allein darum, die Vorstellung an eine gute Herrschaft für die Nachwelt zu bewahren und legendär zu überhöhen. Vielmehr verkörperte der Heilige zugleich den gottgewollten Herrscher par excellence. In gewisser Weise erreicht die Legendenbildung im Falle der heiligen Könige – trotz ihrer Uniformität – damit einen Höhepunkt. Die Wunder, die die Herrscher zumeist nach ihrem Ableben wirkten, erscheinen im Gegensatz zu den nichtheiligen legendären Herrschern völlig losgelöst von historischen Begebenheiten während der Herrschaft. In der Regel waren es die Nachkommen des eigenen Geschlechts, die sich um die Heiligsprechung ihres Vorfahren bemühten und an der Aufzeichnung der christlich motivierten Legenden herausragenden Anteil hatten. Hierfür stand ein vorgefertigter Motivkatalog zur Seite. Zeitgenössische Quellen berichten immer wieder von Wundern an herrscherlichen Grablegen. Stumme konnten wieder reden, Taube wieder hören, chronisch Kranke genasen. Solche Heilungswunder am Grab sind klassische Topoi der Hagiografie, der Schriften, die über Leben und Wirken von Heiligen berichten. Sieht man von den heiligen Königen des frühmittelalterlichen Frankenreiches ab, so gelangte Frankreich vergleichsweise spät, zu Beginn des 14. Jahrhunderts, mit König Ludwig IX. zu seinem Nationalheiligen. Das Deutsche Reich besaß mit dem 1146 kanonisierten Kaiser Heinrich II. (1002–1024) bereits einen heiligen Monarchen, als die Gebeine der heiligen drei Könige 1164 Köln erreichten. Bezeichnenderweise waren diese erst wenige Jahre zuvor in Mailand aufgefunden worden und erfreuten sich umgehend einer kultischen Verehrung durch die Volksmassen. Wann genau sie nach Mailand gekommen waren, verliert sich in den Nebeln der Geschichte. Angeblich waren sie von Kaiserin Helena († 330) zuvor in Konstantinopel aufbewahrt worden. Auf dem Höhepunkt der Idee von zentraler Herrschergewalt und sakralem Königtum kamen Friedrich Barbarossa diese Reliquien nur allzu recht. Als der Kaiser am 26. März 1162 den Kampf gegen Mailand gewonnen hatte, konnte er die heiligen Gebeine an sich nehmen und später seinem Reichskanzler, dem Kölner Erzbischof Rainald von Dassel (1159–1167) übergeben. Viele Ungereimtheiten durchziehen die Überlieferung zum Schicksal der Dreikönigs-Reliquien. So ist unklar, was mit ihnen in den Jahren zwischen 1162 und ihrer Übergabe an Rainald 1164 eigentlich geschah. Wohl im Juli desselben Jahres trafen die Gebeine in Köln ein. Doch schon stand der nächste Akt zur Unterstreichung der besonderen Rolle Friedrich Barbarossas als Herrscher bevor: Er stellte Karl den Großen als Ahnherr der deutschen Kaiser heraus und proklamierte ihn – in Ablehnung einer französischen Beanspruchung des Monarchen – zum Reichsheiligen. Zu Weihnachten 1164 begab sich Friedrich zu diesem Zweck nach Aachen, wo die Gebeine Karls erhoben wurden. Angeblich fand man den legendären Herrscher in all seiner unversehrten Schönheit vor. Der Gegenpapst Paschalis III. sprach Karl zu Beginn des Jahres 1165 wunschgemäß heilig, doch blieb die Anerkennung dieser Kanonisation beschränkt. Um Karl entfalteten sich, wie im Vorangegangenen gezeigt, zwar zahlreiche Legenden, doch fehlen unter diesen die typischen Motive der Heiligengeschichtsschreibung. Was unterscheidet heilige Herrscher und die mit ihnen verbundenen Erzählungen von anderen legendären Monarchen?

Den heiligen Herrschern ist zunächst gemeinsam – gelten sie als Märtyrer für den christlichen Glauben wie etwa Knut von Dänemark oder Bekenner wie Eduard von England –, dass sie sich in einer Weise um kirchliche Belange bemüht haben, die von der höchsten Geistlichkeit schließlich honoriert wurde. Dabei handelte es sich nicht zwangsläufig um „gute", bei ihrem

Volk beliebte Herrscher. Knut etwa wurde aufgrund seiner harten Hand von seinen Untertanen eher gehasst denn geliebt. Er wurde das Opfer Aufständischer in einem Streit um Finanzen, von denen insbesondere die Kirche profitierte. Der Kult der heiligen Könige wurde entsprechend gesteuert von den königlichen Nachfahren in Verbindung mit der Kirche. Die Legenden um die entrückten Könige, die am Jüngsten Tage wiederkehren sollten, wurden dagegen von breiten Schichten der Bevölkerung getragen. Sie erinnerten vornehmlich an irdische Heldentaten, die zwar gleiche Grundmuster aufweisen, in aller Regel aber individuell verschieden sind. Gemein sind allen Aspekte des Kampfes, sei es gegen Ungläubige oder Untiere. Häufig spielen darin magische Waffen eine Rolle wie die Klinge Durendart des Ritters Roland oder das Schwert Excalibur des Königs Artus, das später Richard Löwenherz als sein Eigentum bezeichnet. Die hagiografische Tradition gestaltet sich demgegenüber vergleichsweise uniform. Es sind die Heilungswunder, zumeist am Königsgrab, die den Kern königlicher Heiligenlegenden bilden. Immer wieder wird auf ein Leben im christlichen Idealsinne verwiesen. Herrscher taten sich in besonderer Weise als Förderer der Kirche hervor wie beispielsweise Kaiser Heinrich II. durch seine Stiftung des Bistums Bamberg. Die kinderlose Ehe wurde in seinem Fall als heiligmäßige eheliche Keuschheit, als sogenannte Josefsehe, gewertet. Dieser Aspekt findet sich auch bei Eduard dem Bekenner. Schon zu Lebzeiten gleichsam heilig wirkend erscheint in diesem Kreis der idealtypische Kreuzfahrerkönig Ludwig IX. von Frankreich. Gleich zweimal bricht er zum Kreuzzug auf und lässt dabei sein Leben. Er scheut sich gemäß der Überlieferung nicht vor dem Umgang mit Leprakranken – dem Beispiel Christi folgend. Doch hier endet schon der Stoff, aus dem die Legenden sind. Im Vergleich zu den reichen Motiven der Artus-Literatur oder dem Sagenkreis um Karl den Großen ist dieser insgesamt also recht eng begrenzt geblieben.

Die Legenden um die heiligen Könige werden von christlichen Motiven genährt. Hauptquellen für die Erzählstoffe um die im Vorangegangenen betrachteten legendären Herrscher sind die Nebel einer heidnischen Vorzeit und die Geheimnisse des Orients. Die Begegnung zwischen dem Okzident und dem geheimnisvoll-fremden Orient wirkte als Quelle mannigfacher Inspiration zur Legendenbildung. Der Kreuzfahrer Richard Löwenherz begegnete dort seinem ebenso legendären Widersacher Sultan Saladin. Friedrich Barbarossa wird vom Orient gar gänzlich verschlungen – sein Körper verschwindet unter ungeklärten Umständen. Erst die Erinnerung an seine Herrschaft holt den Kaiser mit dem roten Bart zurück in seine Heimat und bettet ihn bis zum Anbruch besserer Zeiten in den Schoß des Kyffhäuser. Auch die Gestalt Friedrichs II. erhält ihren legendären Zug wesentlich durch die Begegnung mit dem Orient. Von dort stammt das den Zeitgenossen so gefährlich und verderblich erscheinende Wissen, das sich der Herrscher anzueignen trachtet. Juden und Muslime helfen ihm dabei. Letztere bilden – trotz früherer bewaffneter Konflikte – gar seine loyale Garde. Auch die Gestalt Karls des Großen wäre ohne die Beziehungen Karls zu Harun ar-Raschid, dem Herrscher aus Tausendundeiner Nacht, und das unglückselige Abenteuer der Franken auf der Iberischen Halbinsel um einige legendenhafte Züge ärmer. Der andere Strang verweist in die fiktive heidnisch-düstere Vorzeit. Karl der Große steht gewissermaßen an einer Zeitschwelle zum christianisierten Abendland auch in dieser Legendentradition, die sich in den reichen Erzählstoffen um die Missionierung der Sachsen zeigt. Auch die Legenden um die Nibelungen und König Artus leben durch das mystische Dunkel der heidnischen Vorzeit mit ihren feuerspeienden Drachen, das nebelumschlungene

Avalon oder das verfluchte Gold auf dem Grund des Rheins. Im späten Mittelalter wandelte sich dann das Herrscherbild erneut, vorangetrieben durch verfasste Normen zur Königswahl wie die Goldene Bulle von 1356. Das Abendland war bis zu seinen Rändern christianisiert. Die Begegnungen mit dem Orient blieben auch in der frühen Neuzeit konfliktreich, waren aber geografisch beschränkter als in den Jahrhunderten zuvor. Auf der Iberischen Halbinsel waren die Muslime inzwischen verschwunden, ebenso im Süden Italiens. Es gab keinen Raum mehr für den mystischen Zauber von Legenden, der Herrscher früherer Jahrhunderte bis heute umgibt.

AUSWAHLBIBLIOGRAFIE

Diese Auswahlbibliografie ist auf die Bedürfnisse einer breiten Leserschaft ausgerichtet, die sich eingehender mit den behandelten Personen und ihrem zeitlichen Umfeld befassen will. Zu jedem Kapitel werden deshalb Quellen soweit möglich in zweisprachigen Editionen oder Übersetzungen sowie neuere, leicht zugängliche Werke vor allem in deutscher Sprache genannt.

Historischer Hintergrund

Die „dunklen Jahrhunderte" (4.–6. Jahrhundert)

Angenendt, Arnold, Das Frühmittelalter. Die abendländische Christenheit von 400 bis 900, Stuttgart ²2001.

Campbell, James (Hrsg.), The Anglo-Saxons, Oxford 1982.

Geary, Patrick, Europäische Völker im frühen Mittelalter, Frankfurt am Main 2002.

Grant, Michael, Die Welt des frühen Mittelalters, Ostfildern 2003.

Goetz, Hans-Werner, Europa im frühen Mittelalter. 500–1050 (= Handbuch der Geschichte Europas 2), Stuttgart 2003.

Pohl, Walter, Die Völkerwanderung. Eroberung und Integration, Stuttgart 2002.

Wolfram, Herwig, Geschichte der Goten. Von den Anfängen bis zur Mitte des 6. Jahrhunderts, München 1990.

Vom Ausgang des Frühmittelalters zu den Kreuzzügen (8.–13. Jahrhundert)

Dinzelbacher, Peter, Europa im Hochmittelalter. Eine Kultur- und Mentalitätsgeschichte 1050–1250, Darmstadt 2003.
Engels, Odilo, Die Staufer, Stuttgart [7]1998.
Jankrift, Kay Peter, Das Mittelalter. Ein Jahrtausend in zwölf Kapiteln, Ostfildern 2004.
Jankrift, Kay Peter, Europa und der Orient im Mittelalter, Stuttgart 2007.
Jaspert, Nikolas, Die Kreuzzüge, Darmstadt [3]2006.
Knefelkamp, Ulrich, Das Mittelalter. Geschichte im Überblick, Paderborn 2002.
Schieffer, Rudolf, Die Karolinger, Stuttgart [2]2000.
Schneidmüller, Bernd, Die Welfen. Herrschaft und Erinnerung (819–1252), Stuttgart 2000.

Das Zeitalter der „heiligen" Herrscher (12.–14. Jahrhundert)

Duby, Georges, Die Zeit der Kathedralen. Kunst und Gesellschaft 980–1420, Frankfurt am Main [5]1999.
Kaufhold, Martin, Europas Norden im Mittelalter. Die Integration Skandinaviens in das christliche Europa (9.–13. Jahrhundert), Darmstadt 2001.
Grabmeyer, Johannes, Europa im späten Mittelalter 1250–1500. Eine Kultur- und Mentalitätsgeschichte, Darmstadt 2004.
Tuchman, Barbara, Der ferne Spiegel. Das dramatische 14. Jahrhundert, München [14]1996.

Die Nibelungen

Quellen:

Das Nibelungenlied. Mittelhochdeutsch/Neudeutsch. Nach dem Text von Karl Bartsch und Helmut de Boer ins Neuhochdeutsche übersetzt von Siegfried Grosse, Stuttgart 1997.

Zum Thema:

Attila und die Hunnen. Herausgegeben vom Historischen Museum der Pfalz, Speyer, Stuttgart 2007.

Boehm, Laetitia, Geschichte Burgunds. Politik – Staatsbildung – Kultur, Wiesbaden ²1998.

Gottzmann, Carola L., Theoderich. Die Verwandlung der historischen Person in die literarische Figur Dietrich von Bern, in: Inge Milfull/ Michael Neumann (Hrsg.), Mythen Europas. Schlüsselfiguren der Imagination. Bd. 2: Mittelalter, Regensburg 2004, S. 68–89.

(Nibelungenlied:) Uns ist in alten Mären ... – Das Nibelungenlied und seine Welt. Begleitband zur Ausstellung im Badischen Landesmuseum Karlsruhe. Mit Beiträgen von Joachim Heinzle, Lothar Voetz, Hansmartin Schwarzmaier und Jürgen Krüger unter Mitarbeit zahlreicher weiterer Autoren. Hrsg. vom Badischen Landesmuseum Karlsruhe und der Badischen Landesbibliothek Karlsruhe, Darmstadt 2003.

Stadler, Juliane (Hrsg.), Geraubt und im Rhein versunken – der Barbarenschatz. Begleitband zur Ausstellung „Geraubt und im Rhein versunken – der Barbarenschatz" im Historischen Museum der Pfalz in Speyer, Stuttgart 2006.

Wirth, Gerhard, Attila. Das Hunnenreich in Europa, Stuttgart/Berlin/Köln 1999.

Artus und die Ritter der Tafelrunde

Quellen:

Griscom, Acton, The Historia Regum Brittaniae of Geoffrey of Monmouth, London 1929.

Zum Thema:

Bartlett, Robert, England under the Norman and Angevin Kings 1075–1225, Oxford 2000.

Gidlow, Christopher, The Reign of Arthur. From History to Legend, Stroud 2004.

Godwin, Malcolm, Der Heilige Gral. Ursprung, Geheimnis und Deutung einer Legende, München 1994.

Haug, Walter, König Artus. Geschichte, Mythos, Fiktion, in: Inge Milfull/ Michael Neumann (Hrsg.), Mythen Europas. Schlüsselfiguren der Imagination. Band 2: Mittelalter, Regensburg 2004, S. 104–116.

Sarnowsky, Jürgen, England im Mittelalter, Darmstadt 2002.

Karl der Große

Quellen:

Rau, Reinhold (Hrsg.), Quellen zur karolingischen Reichsgeschichte. Lateinisch und Deutsch. Drei Teile (= Freiherr-vom-Stein-Gedächtnisausgabe A, Bde. 5–7), Darmstadt 1993–2002.

Zum Thema:

Barbero, Alessandro, Karl der Große. Vater Europas, Stuttgart 2007.
Becher, Matthias, Karl der Große, München 1999.
Hägermann, Dieter, Karl der Große, Berlin 2000.
Kerner, Max, Karl der Große. Ein Mythos wird entschleiert, Düsseldorf ²2004.
Stiegemann, Christoph/Wemhoff, Matthias, 799 – Kunst und Kultur der Karolingerzeit. Karl der Große und Papst Leo III. in Paderborn, Katalog der Ausstellung, 3 Bde., Paderborn 1999.

Friedrich Barbarossa

Quellen:

Schmale, Franz-Josef (Hrsg.), Otto von Freising, Gesta Friderici. Bischof Otto von Freising und Rahewin. Die Taten Friedrichs oder richtiger: Cronica. Lateinisch und Deutsch. Übersetzt von Adolf Schmidt (= Freiherr-vom-Stein-Gedächtnisausgabe A, Bd. 17), Darmstadt ⁴2000.
Schmale, Franz-Josef (Hrsg.), Die Chronik Ottos von St. Blasien und die Marbacher Annalen. Lateinisch und Deutsch (= Freiherr-vom-Stein-Gedächtnisausgabe A, Bd. 18a), Darmstadt 1998.

Zum Thema:

Engel, E./Töpfer, B., Kaiser Friedrich Barbarossa. Landesausbau – Aspekte seiner Politik – Wirkung (= Forschungen zur mittelalterlichen Geschichte, Bd. 36), Weimar 1994.
Friz, Diana Maria, Wo Barbarossa schläft – der Kyffhäuser. Der Traum vom Deutschen Reich, Weinheim 1991.
Oppl, Ferdinand, Friedrich Barbarossa (= Gestalten des Mittelalters und der Renaissance), Darmstadt ²1994.

Richard Löwenherz

Quellen:

Chronicles and Memorials of the Reign of Richard I., 2 Bde. Hrsg. von Walter Stubbs (= Rolls Series 38), London 1864/1865.

Matthäus Paris, Chronica maiora, 7 Bde. Hrsg. von Henry R. Luard (= Rolls Series 57), London 1872–1884.

Ralph von Coggeshall, Chronicon Anglicanum. Hrsg. von J. Stevenson (= Rolls Series 66), London 1875.

Roger von Hoveden, Chronica Magistri Rogeri de Hovedene. Hrsg. von Walter Stubbs, 4 Bde. (= Rolls Series 51), London 1868–1871.

Zum Thema:

Berg, Dieter, Richard Löwenherz (= Gestalten des Mittelalters und der Renaissance), Darmstadt 2007.

Holt, John C., Robin Hood, Düsseldorf 1991.

Pernoud, Régine, Der Abenteurer auf dem Thron. Richard Löwenherz, König von England, München ³1999.

Westphal, Winfried, Richard Löwenherz und Saladin. Der dritte Kreuzzug, Ostfildern 2006.

Wieczorek, Alfred/Fansa, Mamoun/Meller, Harald (Hrsg.), Saladin und die Kreuzfahrer, Mainz 2005.

Friedrich II.

Quellen:

Das Falkenbuch Friedrichs II. (= Glanzlichter der Buchkunst 9), Graz 2000.

Van Eickels, Klaus/Brüsch, Tanja, Kaiser Friedrich II. – Leben und Persönlichkeit in Quellen, Düsseldorf 2000.

Zum Thema:

Abulafia, David, Herrscher zwischen den Kulturen. Friedrich II. von Hohenstaufen, Berlin 1991.

Hechelhammer, Bodo, Kreuzzug und Herrschaft unter Friedrich II. Handlungsspielräume von Kreuzzugspolitik 1215–1230 (= Mittelalter Forschungen 13), Ostfildern 2004.

Kantorowicz, Ernst H., Kaiser Friedrich II., 2 Bde., Berlin 1927–1931 [Verschiedene Nachdrucke].
Rösch, Eva Sibylle/Rösch, Gerhard, Kaiser Friedrich II. und sein Königreich Sizilien, Sigmaringen ²1996.
Stürner, Wolfgang, Friedrich II., 2 Bde., Darmstadt 1992/2000.

Heilige Herrscher

Becker-Huberti, Manfred, Die heiligen drei Könige. Geschichte, Legenden und Bräuche, Köln 2005.
Folz, Robert, Les saints rois du Moyen Age en Occident (VIe-XIIIe siècles), Brüssel 1984.
Guth, Klaus, Kaiser Heinrich II. und Kaiserin Kunigunde. Das heilige Herrscherpaar. Leben, Legende, Kult und Kunst, Petersberg ²2002.
Kantorowicz, Ernst H., Die zwei Körper des Königs, München 1990.
LeGoff, Jacques, Ludwig der Heilige, Stuttgart 2000.

ANMERKUNGEN

Vorwort

1 Sagen aus Westfalen. Gesammelt und herausgegeben von Heinz Rölleke, Reinbek bei Hamburg 1995, S. 46f.
2 Sagen aus Niedersachsen. Gesammelt und herausgegeben von Ulf Diedrichs und Christa Hinze, Augsburg 1998, S. 316.

Einführung – „Ruhmvolle Leben" und die „Nacht der Vergessenheit"

1 Einhardi Vita Karoli Magni, Georg Waitz (Hrsg.), editio sexta curavit Oswald Holder-Egger (= Monumenta Germaniae Historica. Scriptores rerum Germanicarum in usum scholarum 25), Hannover/Leipzig 1911. Rau Reinhold (Hrsg.), Quellen zur karolingischen Reichsgeschichte. Erster Teil: Die Reichsannalen. Einhard, Leben Karls des Großen. Zwei „Leben" Ludwigs. Nithard, Geschichten. Unter Benutzung der Übersetzung von Otto Abel und J. von Jasmund neu bearbeitet (= Freiherr-vom-Stein-Gedächtnisausgabe A, Bd. 5), Darmstadt ²1993.
2 Hermann Schefers (Hrsg.), Einhard. Studien zu Leben und Werk (= Arbeiten der Hessischen Historischen Kommission. Neue Folge, Bd. 12), Darmstadt 1997.
3 Dieter Hägermann, Karl der Große. Herrscher des Abendlandes, München ²2003, S. 21.

4 Ulrich Nonn (Hrsg.), Quellen zur Alltagsgeschichte im Früh- und Hochmittelalter. Erster Teil (= Freiherr-vom-Stein-Gedächtnisausgabe. Bd. XLa), Darmstadt 2003, S. 243f.

5 Hägermann (2003), S. 23.

6 Hans F. Haefele (Hrsg.), Notkeri Balbuli Gesta Karoli magni imperatoris (= MGH. Scriptores rerum Germanicarum. N.S. 12), Berlin 1960. Reinhold Rau (Hrsg.), Quellen zur karolingischen Reichsgeschichte. Dritter Teil: Jahrbücher von Fulda. Regino, Chronik. Notker, Taten Karls (= Freiherr-vom-Stein-Gedächtnisausgabe A, Bd. VII), Darmstadt ⁴2002. Hans-Joachim Reischmann, Die Trivialisierung des Karlsbildes der Einhard-Vita in Notkers „Gesta Karoli Magni". Rezeptionstheoretische Studien zum Abbau der kritischen Distanz in der spätkarolingischen Epoche, Konstanz 1984.

7 Max Kerner, Karl der Große. Ein Mythos wird entschleiert, Düsseldorf 2004, S. 20f. Bernd Schneidmüller, Sehnsucht nach Karl dem Großen. Vom Nutzen eines toten Königs für die Nachgeborenen, in: Geschichte in Wissenschaft und Unterricht 51 (2000), S. 284–301.

8 Sabine Schulz, Der Aachener Karlspreis, Aachen 1998.

9 Bernard Guenée, Histoire et culture historique dans l'occident médiéval, Paris 1980, S. 250ff.

10 Paul Gerhard Schmidt, Karolellus atque Pseudo-Turpini Historia Karoli Magni et Rotholandi (= Bibliotheca Teuberiana), Stuttgart/ Leipzig 1996. Hamilton M. Smyser (Hrsg.), The Pseudo-Turpin, Cambridge/Mass. 1937. Klaus Herbers (Hrsg.), Jakobus und Karl der Große. Von Einhards Karlsvita zum Pseudo-Turpin (= Jakobus-Studien 14), Tübingen 2003. David Dumville, The Historia Brittonum. The Vatican Recension, Cambridge 1985. Acton Griscom, The Historia Regum Brittaniae of Geoffrey of Monmouth, London 1929.

11 Anke Schütt/Manfred Victor, Aachener Sagen und Legenden, Aachen 1998, S. 56. Zu Karl als Sagengestalt siehe u.a. Sigurd Graf von Pfeil, Karl der Große in der deutschen Sage, in: Wolfgang von Braunfels (Hrsg.), Karl der Große. Lebenswerk und Nachleben, Bd. 4, Düsseldorf 1967, S. 326–336.

12 Alessandro Barbero, Karl der Große. Vater Europas, Stuttgart 2007, S. 26f.

13 Sagen aus Westfalen (1995), S. 211.

14 Ralf Peter Märtin, Dracula. Das Leben des Fürsten Vlad Tepes (= Wagenbachs Taschenbuch 396), Berlin ³2001, S. 168ff.

15 Franz-Josef Schmale (Hrsg.), Bischof Otto von Freising und Rahewin. Die Taten Friedrichs, oder richtiger: Cronica. Übersetzt von Adolf Schmidt (= Freiherr-vom-Stein-Gedächtnisausgabe A, Bd. 17), Darmstadt ⁴2000.

16 John M. Wallace-Hadrill, The Long-Haired Kings, London 1962 [Neudruck: Toronto 1982]. Marc Bloch, Les rois thaumaturges. Etude sur le caractère surnaturel attribué à la puissance royale particulièrement en France et en Angleterre, Paris 1924 [Neuausgabe: Paris 1983]. Dt.: Die wundertätigen Könige, München 2000. Zum Krankheitsbild der Skrofulose Kay Peter Jankrift, Mit Gott und Schwarzer Magie. Medizin im Mittelalter, Darmstadt 2005, S. 86.

Die Nibelungen – Siegfried der Drachentöter und das Rheingold

1 Eugen Ewig, Die Merowinger und das Frankenreich, Stuttgart ³1997, S. 78.
2 Das Nibelungenlied. Mittelhochdeutsch/Neudeutsch. Nach dem Text von Karl Bartsch und Helmut de Boer ins Neuhochdeutsche übersetzt von Siegfried Grosse, Stuttgart 1997, S. 845f.
3 (Nibelungenlied:) Uns ist in alten Mären … – Das Nibelungenlied und seine Welt. Begleitband zur Ausstellung im Badischen Landesmuseum Karlsruhe. Mit Beiträgen von Joachim Heinzle, Lothar Voetz, Hansmartin Schwarzmaier und Jürgen Krüger unter Mitarbeit zahlreicher weiterer Autoren. Hrsg. vom Badischen Landesmuseum Karlsruhe und der Badischen Landesbibliothek Karlsruhe, Darmstadt 2003.
4 Joachim Heinzle, Die Rezeption in der Neuzeit, in: Uns ist in alten Mären … (2003), S. 163–168.
5 Heinzle (2003), S. 164.
6 Friedrich Heinrich von der Hagen, Der Nibelungen Lied, Berlin 1807. Hier zitiert nach Heinzle (2003), S. 164.
7 Zitiert nach Heinzle (2003), S. 167.
8 Klaus Klein, Die Handschriften, in: Uns ist in alten Mären … (2003), S. 188.
9 Nibelungenlied (1997), S. 973f.
10 Wolfgang Runschke, Mächtige Gönner großer Dichter, in: Uns ist in alten Mären … (2003), S. 209.
11 Joachim Heinzle, Von der Sage zum Epos, in: Uns ist in alten Mären … (2003), S. 28.
12 Nibelungenlied (1997), S. 965–970.
13 Nibelungenlied (1997), S. 37.
14 Laetitia Boehm, Geschichte Burgunds. Politik – Staatsbildung – Kultur, Wiesbaden ²1998, S. 47.
15 Klaus Eckerle, Burgunden und Hunnen, in: Uns ist in alten Mären … (2003), S. 50. Walter Pohl, Die Völkerwanderung. Eroberung und Integration, Stuttgart 2002, S. 154.

16 Boehm (1998), S. 48.

17 Pohl (2002), S. 157 Anm. 24.

18 Jürgen Oldenstein, Die letzten Jahrzehnte des römischen Limes zwischen Andernach und Selz unter besonderer Berücksichtigung des Kastells Alzey und der Notitia Dignitatum, in: Franz Staab (Hrsg.), Zur Kontinuität zwischen Antike und Mittelalter am Oberrhein, Sigmaringen 1994, S. 69–112.

19 Boehm (1998), S. 49.

20 Justin Favrod, Histoire politique du royaume burgonde (443–534), Lausanne 1997.

21 Franz Beyerle, Gesetze der Burgunden (= Germanenrechte, Texte und Übersetzungen 10), Weimar 1936.

22 Nibelungenlied (1997), S. 971.

23 Kay Peter Jankrift, Das Mittelalter. Ein Jahrtausend in zwölf Kapiteln, Ostfildern 2004, S. 86ff.

24 Carola L. Gottzmann, Theoderich. Die Verwandlung der historischen Person in die literarische Figur Dietrich von Bern, in: Inge Milfull/ Michael Neumann (Hrsg.), Mythen Europas. Schlüsselfiguren der Imagination, Bd. 2: Mittelalter, Regensburg 2004, S. 68–89.

25 Vgl. u.a. die Beiträge in dem Ausstellungskatalog Attila und die Hunnen. Herausgegeben vom Historischen Museum der Pfalz Speyer, Stuttgart 2007. Gerhard Wirth, Attila. Das Hunnenreich in Europa, Stuttgart/Berlin/Köln 1999.

26 Otto Maenchen-Helfen, Huns and Hsiung-nu, in: Byzantion 17 (1944/45), S. 222–243.

27 Jankrift (2004), S. 55f.

28 Herwig Wolfram, Die Goten und ihre Geschichte, München 2001, S. 59. Michel Kazanski, Les Goths et les Huns. A propos des relations entre les Barbares sédentaires et les nomades, in: Archéologie Médiévale 22 (1992), S. 193–229.

29 Herwig Wolfram, Das Reich und die Germanen (= Das Reich und die Deutschen 1), Berlin 1990, S. 199.

30 Zum Bericht des Attalus Priscius: Wolfram (1990), S. 192–198. Roger C. Blockley, The Fragmentary Classicing Historians of the Later Roman Empire. Eunapius, Olympiodorus, Priscius and Malachus, Bd. 2, Liverpool 1983, S. 222–400.

31 Nibelungenlied (1997), S. 345.

32 Janusz Piekalkiewicz, Da liegt Gold. Verborgene Schätze in aller Welt, Stuttgart 1997.

33 Nibelungenlied (1997), S. 846.

34 Sean Kingsley, God's Gold. The Quest for the Lost Temple Treasure of Jerusalem, London 2006.

35 Juliane Stadler (Hrsg.), Geraubt und im Rhein versunken – der Barbarenschatz. Begleitband zur Ausstellung „Geraubt und im Rhein versunken – der Barbarenschatz" im Historischen Museum der Pfalz Speyer, Stuttgart 2006.

36 Nibelungenlied (1997), S. 846. Helmut Berndt, Die Nibelungen, Oldenburg/Hamburg ²1987, S. 201.

37 Andrea Schindler/Elisabeth Handle, *der trach wehset zwanzig daumeln lang oder mêr* ... Der Drache in der lateinischen und deutschen Gelehrtentradition des Mittelalters, in: Andrea Grafetstätter/Elisabeth Handle u.a. (Hrsg.), Mythos Drache – Schwingen, Schuppen, Schwefeldämpfe. Begleitbuch zur Sonderausstellung im Historischen Museum Bamberg in Zusammenarbeit mit der Staatsbibliothek Bamberg, Priesendorf 2002, S. 69–73.

38 Isidori Hispalensis Episcopi Etymologiarum Sive Originum Libri XX, rec. W, M. Lindsay, T. I-II, Oxonii 1911, lib. 12, cap. 4–5.

39 Hildegard von Bingen, Naturkunde. Das Buch von dem inneren Wesen der verschiedenen Naturen in der Schöpfung. Nach den Quellen übersetzt und erläutert von Peter Riethe, Salzburg 1959, S. 138.

40 Jakob von Vitry, Historia orientalis. Herausgegeben und übersetzt von C. Buridant (= Bibliothèque française et romane 19), Paris 1989, cap. 87.

41 Franz Pfeiffer (Hrsg.), Konrad von Megenberg, Das Buch der Natur. Die erste Naturgeschichte in deutscher Sprache, Stuttgart 1861, S. 269f.

42 Schindler/Handle (2002), S. 72.

43 Babette Stadie, Von Lindwürmern und Drachen, in: Uns ist in alten Mären ... (2003), S. 84. Pia Elisabeth Kestel, Drachenspuren in der Apokalyptik, in: Mythos Drache (2002), S. 36f.

44 Susanne Reinhardt, Heilige und ihre Drachen, in: Mythos Drache (2002), S. 46–53. Ortrud Schubart-Stumpfe, Der Kampf mit dem Drachen. Begegnungen mit einer Elementarkraft im Spiegel der Kulturen, Stuttgart 1999.

König Artus und die Ritter der Tafelrunde – das Schwert im Stein

1 Zur Entwicklung des heraldischen Bildes Carl Lofmark, Der Rote Drache der Waliser, in: Helmut Birkhan (Hrsg.), Festgabe für Otto Höfler, Wien 1976, S. 429–448.

2 Keith Snowden, King Arthur in the North, Pickering 2001.

3 E. Vinaver (Hrsg.), Malory. Works, Oxford 1971.

4   Walter Haug, Das Bildprogramm im Sommerhaus von Runkel-
    stein, in: Walter Haug/Joachim Heinzle u.a. (Hrsg.), Runkelstein.
    Die Wandmalereien des Sommerhauses, Tübingen 1982, S. 15–62.
    Horst Schroeder, Der Topos der Nine Worthies in Literatur und
    bildender Kunst, Göttingen 1971.
5   Walter Haug, König Artus. Geschichte, Mythos, Fiktion, in: Milfull/
    Neumann (2004), S. 116.
6   Acton Griscom, The Historia Regum Brittaniae of Geoffrey of Mon-
    mouth, London 1929. John J. Parry/Robert A. Caldwell, Geoffrey
    of Monmouth, in: Roger Sherman Loomis (Hrsg.), Arthurian Lite-
    rature in the Middle Ages, Oxford 1959, S. 72–93.
7   Haug (2004), S. 109.
8   Christopher Gidlow, The Reign of Arthur. From History to Legend,
    Stroud 2004, S. 240ff.
9   Gildas. Hrsg. und übersetzt von Michael Winterbottom (= Arthu-
    rian Period Sources 7), London 1978. Beda der Ehrwürdige, Kir-
    chengeschichte des englischen Volkes. Hrsg. und übersetzt von
    Günter Spitzbart, Darmstadt ²1997. Walter Goffart, The Narrators
    of Barbarian History (A.D. 550–800). Jordanes, Gregory of Tours,
    Beda and Paul the Deacon, Princeton 1988.
10 Haug (2004), S. 109.
11 Gidlow (2004), S. 240f.
12 Haug (2004), S. 111.
13 Peter Johanek, König Artus und die Plantagenets. Über den Zusam-
    menhang von Historiographie und höfischer Epik in mittelalterli-
    cher Propaganda, in: Frühmittelalterliche Studien 21, S. 346–389.
14 Gidlow (2004), S. xii.
15 Thomas Charles-Edwards, The Arthur in History, in: Rachel Brom-
    wich (Hrsg.), The Arthur of the Welsh. The Arthurian Legend in
    Medieval Welsh Literature, Cardiff 1991, S. 15–32.
16 Gidlow (2004), S. 9f.
17 Robert Bartlett, England under the Norman and Angevin Kings
    1075–1225, Oxford 2000, S. 250f.
18 Haug (2004), S. 115. Hildegard Eberlein-Westhues, König Arthurs
    „Table Ronde". Studien zur Geschichte eines literarischen Herr-
    schaftszeichens, in: Ernst-Peter Ruhe/Richard Schwaderer (Hrsg.),
    Der altfranzösische Prosaroman, München 1978, S. 184–269.
19 Richard Barber/Juliet Barker, Die Geschichte des Turniers, Düssel-
    dorf, Zürich 2001, S. 43.
20 Malcolm Godwin, Der Heilige Gral. Ursprung, Geheimnis und Deu-
    tung einer Legende, München 1994, S. 123.
21 Johan Huizinga, Herbst des Mittelalters. Studien über Lebens- und
    Geistesformen des 14. und 15. Jahrhunderts in Frankreich und in

den Niederlanden (= Kröners Taschenausgabe 204), Stuttgart
[11]1975, S. 113.

22 Bartlett (2000), S. 251.

23 Haug (2004), S. 105f.

24 Karl Heinz Göller, Giraldus Cambrensis und der Tod Arthurs, in:
Anglia 91 (1973), S. 170–193.

25 Gidlow (2004), S. 309.

26 Bartlett (2000), S. 251.

27 Übersetzt nach dem Zitat bei Gidlow (2004), S. 310 aus Lewis
Thorpe, Gerald of Wales, Description of Wales, Hammonsworth
1978.

28 Haug (2004), S. 106f.

Karl der Große –
ein Herrscher mit tausend Gesichtern

1 Zur Entwicklung der unterschiedlichen Karlsbilder vor allem Kerner (2004).

2 Heribert Illig, Hat Karl der Große je gelebt? Bauten, Funde und
Schriften im Widerstreit (= Fiktion dunkles Mittelalter 1), Gräfe-
ling 1994. Ders., Das erfundene Mittelalter. Die größte Zeitfälschung der Geschichte, Düsseldorf 1996.

3 Karl Ferdinand Werner, Das NS-Geschichtsbild und die deutsche
Geschichtswissenschaft, Stuttgart u.a. 1967. Ders., Karl der Große
in der Ideologie des Nationalsozialismus. Zur Verantwortung deutscher Historiker für Hitlers Erfolge, in: Zeitschrift des Aachener
Geschichtsvereins 101 (1997/1998), S. 9–64. Rolf Köhn, Kirchen-
feindliche und antichristliche Mittelalter-Rezeption im völkisch-
nationalsozialistischen Geschichtsbild: Die Beispiele Widukinds
und der Stedinger, in: Peter Wapnewski (Hrsg.), Mittelalter-Rezep-
tion (= Germanistische Symposien, Berichtsband 6), Stuttgart
1986, S. 581–609. Kerner (2004), S. 211–230. Ders., Karl der
Große und Spanien. Geschichte einer Legende, in: Manfred
Sicking/Olaf Müller (Hrsg.), Die Säule am Rande des Kontinents.
Die europäische Bedeutung spanischer Geschichte, Kultur und
Politik, Aachen 1993, S. 56–83. Klaus Herbers, Karl der Große und
Spanien – Realität und Fiktion, in: Hans Müllejans (Hrsg.), Karl der
Große und sein Schrein in Aachen. Eine Festschrift, Aachen/Mön-
chengladbach 1988, S. 47–55. Jürgen Petersohn, Die päpstliche
Kanonisierungsdelegation des 11. und 12. Jahrhunderts und die
Heiligsprechung Karls des Großen, in: Stephan G. Kuttner (Hrsg.),

Proceedings of Medieval Canon Law 1972 (= Monumenta Iuris Canonici, Subsidia 5), Vatikanstadt 1975, S. 163–206. Johannes Laudage, Alexander III. und Friedrich Barbarossa, Köln/Weimar/ Wien 1997. Odilo Engels, Des Reiches heiliger Gründer. Die Kanonisation Karls des Großen und ihre Beweggründe, in: Müllejans (1988), S. 37–46.

4 Matthias Pape, Karlskult an Wendepunkten deutscher Geschichte, in: Historisches Jahrbuch 120 (2000), S. 138–181.

5 Kerner (2004), S. 8. Johannes Fried, Wissenschaft und Phantasie. Das Beispiel der Geschichte, in: Historische Zeitschrift 263 (1996), S. 291–316. Werner Röcke, Literatur und kulturelles Gedächtnis. Zur Rezeptionsgeschichte Karls des Großen im Spätmittelalter und in der Frühen Neuzeit, in: Das Mittelalter. Perspektiven mediävistischer Forschung. Zeitschrift des Mediävistenverbandes 4 (1999), S. 5–11. Karl Ferdinand Werner, Karl der Große oder Charlemagne? Von der Aktualität einer überholten Fragestellung (= Sitzungsberichte der Bayerischen Akademie der Wissenschaften. Philosophisch-historische Klasse 4), München 1995. Robert Morrissey, L'empereur à la barbe fleurie. Charlemagne dans la mythologie et l'histoire de France, Paris 1997.

6 Detailreiche Auskunft über Karl den Großen und sein Wirken bietet eine Reihe jüngerer Biografien, so u.a. Hägermann (2003). Barbero (2007) (ital.: Carlo Magno. Un padre dell'Europa, Rom/Bari 2000). Matthias Becher, Karl der Große, München ²2000. Jean Favier, Charlemagne, Paris 1999. Roger Collins, Charlemagne, London 1998.

7 Kerner (2004), Abbildung 4.

8 Augsburger Allgemeine v. 31. Januar 2005, S. 20.

9 Einhardi Vita Karoli Magni (1911). Rau (1993).

10 Kerner (2004), S. 20.

11 Hägermann (2003), S. 32.

12 Matthias Becher, Neue Überlegungen zum Geburtdatum Karls des Großen, in: Francia 19/1 (1992), S. 37–60. Rudolf Schieffer, Die Karolinger, Stuttgart ³2000, S. 70. Gegen Bechers Überlegungen Barbero (2007), S. 20f.

13 Becher (2000), S. 117.

14 Kerner (2004), S. 22.

15 Karin Rathje, Bearbeitung der Skelettfunde aus dem karolingischen Gräberfeld Soest, St. Petri, Soest 1996 [Masch.-Schrift], S. 7.

16 Alfred Czarnetzki/Christian Uhlig/Rotraut Wolf, Menschen des frühen Mittelalters im Spiegel der Anthropologie und Medizin. Begleitheft zur Landesausstellung des Württembergischen Landesmuseums Stuttgart, Stuttgart 1982. Joachim Wahl/Ursula Wittwer-

Backofen/Manfred Kunter, Zwischen Masse und Klasse. Alamannen im Blickfeld der Anthropologie, in: Die Alamannen, Stuttgart ⁴2001, S. 340. Jankrift (2004), S. 51.

17 Barbero (2007), S. 136.

18 H. Thomas, „Frenkisk". Zur Geschichte von *theodiscus* und *teutonicus* im Frankenreich des 9. Jahrhunderts, in: Rudolf Schieffer (Hrsg.), Beiträge zur Geschichte des Regnum Francorum (= Beihefte der Francia 22), Sigmaringen 1990, S. 67–95.

19 Zum Beispiel Alfred Boretius/Victor Krause (Hrsg.), Capitularia Regum Francorum 1 (= MGH. Legum sectio II), Berlin 1897, Nr. 74.

20 Einhardi Vita Karoli Magni (1911), Kapitel 25.

21 Kerner (2004), S. 21 u. Abbildung 2.

22 Mostefa Kokabi, Fleisch für Lebende und Tote. Haustiere in Wirtschaft und Begräbniskult, in: Die Alamannen (2001), S. 331f.

23 Ursula Koch, Der Ritt in die Ferne. Erfolgreiche Kriegszüge im Langobardenreich, in: Die Alamannen, (2001), S. 410.

24 Kerner (2004), Abbildung 2.

25 Hägermann (2003), S. 99.

26 Kerner (2004), S. 212.

27 Hägermann (2003), S. 213.

28 Wolfgang Steinsieck, Das altfranzösische Rolandslied (Chanson de Roland), Stuttgart 1999.

29 Hägermann (2003), S. 160.

30 Kay Peter Jankrift, Europa und der Orient im Mittelalter, Stuttgart 2007, S. 17–24.

31 André Clot, Das maurische Spanien. 800 Jahre islamische Hochkultur in Al Andalus, Düsseldorf ²2004, S. 37–60.

32 Michael Borgolte, Der Gesandtenaustausch der Karolinger mit den Abbasiden und mit dem Patriarchen von Jerusalem (= Münchener Beiträge zur Mediävistik und Renaissance-Forschung 25), München 1976.

33 Peter Engels, Das Bild des Propheten Mohammed in abendländischen Schriften des Mittelalters, in: Hans-Jürgen Kotzur (Hrsg.), Kein Krieg ist heilig. Die Kreuzfahrer. Bearbeitet von Brigitte Klein und Winfried Wilhelmy, Mainz 2004, S. 249–263.

34 Hägermann (2003), S. 155ff.

35 Capitularia regum francorum (1897), Bd. 1, Nr. 132.

36 Gerhard Aick, Die schönsten Helden- und Rittersagen des Mittelalters, Wien o.J., S. 259.

37 Hierzu die Beiträge in Wolfgang Dressen/Georg Minkenberg/ Adam C. Oellers (Hrsg.), Ex Oriente. Isaak und der weiße Elefant. Bagdad – Jerusalem – Aachen. Eine Reise durch drei Kulturen um 800 und heute, 3 Bde., Mainz 2003.

38 Rudolf Schieffer, Die Karolinger, Stuttgart ³2000, S. 101.
39 Einhardi Vita Karoli Magni (1911), Kap. 28.
40 Hägermann (2003), S. 642.
41 Anne Schmid, Schriftreform – die karolingische Minuskel, in: Christoph Stiegemann/Matthias Wemhoff (Hrsg.), 799. Kunst und Kultur der Karolingerzeit. Karl der Große und Papst Leo III. in Paderborn. Beiträge zum Katalog der Ausstellung, Mainz 1999, S. 681–692.
42 Einhardi Vita Karoli Magni (1911), Kap. 19.
43 Rosamond McKittrick, Die karolingische Renovatio. Eine Einführung, in: Christoph Stiegemann/Matthias Wemhoff (1999), S. 669.
44 Kerner (2004), S. 225.
45 Matthias Pape zitiert nach Kerner (2004), S. 226.
46 Jankrift (2007), S. 12ff.
47 Michael Borgolte, Christen, Juden, Muselmanen. Die Erben der Antike und der Aufstieg des Abendlandes 300 bis 1400 n. Chr. (= Siedler Geschichte Europas), München 2006, S. 259f.

Friedrich I. – der Kaiser mit dem roten Bart

1 Zitiert nach Diana Maria Friz, Wo Barbarossa schläft. Der Traum vom Deutschen Reich, Weinheim/Basel 1991, S. 7.
2 Ferdinand Opll, Friedrich Barbarossa (= Gestalten des Mittelalters und der Renaissance), Darmstadt ³1998, S. 300.
3 Eva Sibylle Rösch/Gerhard Rösch, Kaiser Friedrich II. und sein Königreich Sizilien, Sigmaringen ²1996, S. 171.
4 Friz (1991), S. 45.
5 Odilo Engels, Die Staufer, Stuttgart ⁷1998.
6 Opll (1998), S. 170.
7 Rösch (1996), S. 172f.
8 Rösch (1996), S. 169.
9 Martin Kaufhold, Das Interregnum, Darmstadt 2003.
10 Rösch (1996), S. 171f.
11 Oppl (1998), S. 299f. In anderen Erzähltraditionen werden der Untersberg bei Salzburg, der auch mit Karl dem Großen in Verbindung gebracht wird, und eine Felshöhle bei Kaiserslautern genannt.

Richard Löwenherz – der gerechte Kreuzfahrer

1 Dieter Berg, Richard Löwenherz (= Gestalten des Mittelalters und der Renaissance), Darmstadt 2007, S. 293f.

2 Zitiert nach Régine Pernoud, Der Abenteurer auf dem Thron.
Richard Löwenherz, König von England, München ³1999, S. 258.
Der Originaltext bei Jean Mouzat, Les poèmes de Gaucelm Faidit
troubadour au XIIe siècle, Paris 1965, S. 415ff.

3 Berg (2007), S. 278.

4 Bartlett (2000), S. 251.

5 Pernoud (1999), S. 261.

6 Berg (2007), S. 285.

7 Ursula Vones-Liebenstein, Richard Löwenherz, König von England,
in: Alfried Wieczorek/Mamoun Fansa/Harald Meller (Hrsg.), Saladin und die Kreuzfahrer, Mainz 2005, S. 145.

8 Pernoud (1999), S. 117.

9 Berg (2007), S. 298.

10 Kay Peter Jankrift, Krieger, Kranke und weise Ärzte. Medizin im
Zeitalter der Kreuzzüge, in: Kotzur (2004), S. 303.

11 Berg (2007), S. 172.

12 Pernoud (1999), S. 262.

Friedrich II. – das Staunen der Welt

1 Landesmuseum Natur und Mensch, Corinna Endlich, Elvira Spiller,
Torsten Schöning, Neues aus der Ausstellung 02/2007.

2 Rösch (1996), S. 142.

3 David S. H. Abulafia, The End of Muslim Sicily, in: James M. Powell
(Hrsg.), Muslims under Latin Rule 1100–1300, Princeton 1990,
S. 103–134.

4 Rösch (1996), S. 135.

5 Zitiert nach Rösch (1996), S. 135.

6 Jankrift (2007), S. 101.

7 Kay Peter Jankrift, Mit Gott und Schwarzer Magie. Medizin im
Mittelalter, Stuttgart 2005, S. 34f.

8 Hermann Dilcher, Die sizilische Gesetzgebung Kaiser Friedrichs II.
Quellen der Konstitutionen von Melfi und ihrer Novellen, Köln/
Wien 1975, Kap. III, 44–47.

9 Zitiert nach Rösch (1996), S. 141.

10 Shlomo Simonsohn, Sizilien: Ein Jahrtausend (mehr oder weniger)
„guter Nachbarschaft", in: Christoph Cluse (Hrsg.), Europas Juden
im Mittelalter. Beiträge des internationalen Symposiums in Speyer
vom 20. bis 25. Oktober 2002, Trier 2004, S. 130f.

11 Hierzu demnächst Kay Peter Jankrift, Muslime im Königreich Kas-
tilien. Von der herrschenden Mehrheit zur beherrschten Minder-

heit, in: Klaus Herbers/Nikolas Jaspert (Hrsg.), Integration, Segregation, Vertreibung, Münster 2008.
12 Rösch (1996), S. 76ff.
13 Helmuth Kluger, Kaiser Friedrich II., in: Wieczorek/Fansa/Meller (2006), S. 164.

Legendäre und „heilige" Herrscher

1 Zitiert nach Manfred Becker-Huberti, Die heiligen drei Könige. Geschichte, Legenden und Bräuche, Köln 2005, S. 50.
2 Robert Folz, Les saints rois du Moyen Âge en occident. VIe-XIIIe siècles (= Subsidia Hagiographica 68), Bruxelles 1984.

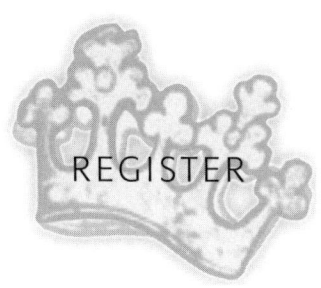

REGISTER

Dem Gegenstand und Inhalt des Buches entsprechend beinhaltet das Register auch fiktive Personen aus Literatur und Film sowie geografisch nicht eindeutig identifizierbare, „legendäre" Ortsnamen.

Namensregister

Ortsregister

176 REGISTER